PFLEGE

David Gutensohn

IN
DER
KRISE

**Applaus ist
nicht genug**

Atrium Verlag · Zürich

Copyright © 2021 David Gutensohn
Originalausgabe
1. Auflage 2021
© Atrium Verlag AG, Zürich, 2021
Alle Rechte vorbehalten
Umschlaggestaltung: Annemike Werth, Hamburg
© Autorenfoto: David Gutensohn
Satz: Pinkuin Satz und Datentechnik, Berlin
Druck und Bindung: GGP Media GmbH, Pößneck
Printed in Germany
ISBN 978-3-85535-119-0

www.atrium-verlag.com
www.facebook.com/atriumverlag
www.instagram.com/atriumverlag

Inhalt

Einleitung

Pflege bleibt systemrelevant

Als Kind habe ich eine Pflegefachkraft gefragt, was ihr Beruf für sie bedeuten würde. »Mit dem Herzen zu sehen«, sagte sie. Diese Frau war meine Mutter. Bis heute arbeitet sie in einem Seniorenheim, seit März 2020 mit Maske, Schutzanzug und Handschuhen. Ich bin Journalist. Im Jahr 2020 habe ich mit unzähligen Pflegefachkräften, aber auch Ärztinnen und Ärzten, Klinikleitungen und Heimbetreibern gesprochen. Ich konnte Pflegende während eines Streiks begleiten, war zu Besuch bei pflegenden Angehörigen und habe über eine Klinik geschrieben, die in der Pandemie geschlossen werden sollte. Ich habe über Angestellte berichtet, die eingeschüchtert wurden, weil sie Kritik an ihren Arbeitsbedingungen übten, über eine Fachkraft, die nach 34 Jahren in Deutschland abgeschoben werden sollte, und über Menschen, die am Limit arbeiten mussten.[1]

In jungen Jahren wusste ich nichts über das System, nur dass altern in einem Seniorenheim ziemlich schön sein kann. Ich hatte 18 Opas und Omas, spielte mittags nach dem Kindergarten mit ihnen Mau-Mau, half beim Kartoffelschälen für das Abendessen, hörte mir die Geschichten der Seniorinnen und Senioren an. Ich sah sie lachen und singen, sah die Pflegenden in ihrer Aufgabe aufgehen. Damals dachte ich: Wenn ich einmal alt bin, möchte ich auch hier leben, in der schönsten Wohngemeinschaft der Welt. Ich ahnte bereits, wie wichtig der Beruf meiner Eltern war, schon lange bevor man ihn systemrelevant nannte.

Doch das, was ich in meiner Kindheit erleben durfte, war ein Sonderfall in unserem System. Ein Pilotprojekt, ein kleines Haus mit Angestellten, die nicht nach der Stoppuhr pflegen mussten. Ein Pflegeheim, in dem es genug Personal gab und das keine Profite machen musste. Ein familiäres Haus, keine anonyme Pflegekette. Heute, mehr als zwanzig Jahre später, spreche ich mit Angestellten, die den Tränen nahe sind, wenn ihre Schicht endet. Mit Intensivpflegern, die erklären, dass sie täglich das Patientenwohl gefährden müssen. Mit Altenpflegerinnen, denen keine Zeit mehr bleibt, um mit dem Herzen zu sehen. Sie sagen zu mir Sätze wie »Wir zerbrechen an diesem Druck« oder »Der Patient fühlt sich sicher, weil er nicht weiß, wie überlastet wir sind«.[2]

1,7 Millionen Menschen arbeiten sozialversicherungspflichtig in Deutschland in der Pflege, davon mehr als eine Million in der Krankenpflege. Das klingt nach viel, doch weniger als die Hälfte davon arbeitet in Vollzeit.[3] Überall fehlen Pflegefachkräfte, während die Zahl der zu Pflegenden jährlich weiter steigt. In der Bundesrepublik fehlen laut dem Deutschen Pflegeverband heute schon 200 000 Pflegefachpersonen in Krankenhäusern, Seniorenheimen und ambulanten Diensten.[4] Die Bertelsmann Stiftung spricht von 500 000 fehlenden Fachkräften bis zum Jahr 2030.[5] Gleichzeitig nimmt die Zahl der Pflegebedürftigen seit Jahren stark zu, 2017 waren noch 3,41 Millionen Menschen auf Pflege angewiesen, heute sind es 4,13 Millionen.[6] Diese Zahl wird unaufhaltsam weiter steigen, weil wir in einem Land leben, dessen Bevölkerung immer älter wird und in dem damit immer mehr Pflegefälle zu betreuen sind.[7] Jeder fünfte Deutsche ist bereits im Rentenalter, in nur wenigen Jahren wird sich diese Zahl vervielfachen.

In der Klimakrise sprechen Wissenschaftlerinnen von einem Kipppunkt, einem Moment, an dem unaufhaltsame Folgen in Gang gesetzt werden. Wenn beispielsweise die Pine-Island-Gletscher in der westlichen Antarktis schmelzen und der weltweite Meeresspiegel um 1,5 Meter steigt. Oder wenn sich die Erde bis Ende des Jahrhunderts im Durchschnitt um mehr als 1,5 Grad Celsius erwärmt und dem Amazonas-Regenwald der Hitzekollaps droht und Monsune, Stürme und Waldbrände ausgelöst werden.[8]

Auch die Pflegekrise hat ihren Kipppunkt: wenn Ende des laufenden Jahrzehnts die Babyboomer, die geburtenstärksten Jahrgänge der Republik, in Ruhestand gehen und viele von ihnen im Alter gepflegt werden müssen. Denn nie war die Zahl an Geburten höher als in den 1960er- und 1970er-Jahren, nie zuvor stand das Land vor einer so enormen Welle an Menschen, die auf Pflege angewiesen sein könnten. Die Zahl der Pflegebedürftigen wird laut Prognosen so stark ansteigen, dass wir bis zum Jahr 2050 fast eine Million Pflegefachkräfte zusätzlich benötigen.[9] Ändert sich bis dahin politisch nichts, erreicht auch die Pflege – überspitzt gesagt – ihren *Point of no return*, den Zeitpunkt, an dem es zu spät ist, zu handeln. Ein Zustand mit zu vielen Patientinnen und Patienten und zu wenig Pflegepersonal, mit zunehmendem Stress, der die Arbeitsbedingungen verschlechtert, was wiederum dazu führt, dass noch weniger Menschen in der Pflege arbeiten wollen. Ein Kreislauf, der das ganze System gefährdet. All das zeigt: Auch die Pflege braucht ein 1,5-Grad-Ziel, sie braucht große Konferenzen und einen Masterplan. Denn wie die Klimakrise wird auch dieser Wandel uns alle betreffen, unsere Großeltern und Eltern, uns selbst, unsere Kinder.

Tatsächlich ist der Pflegenotstand nicht nur eine Prognose, er ist schon heute real. In Kliniken, in Seniorenheimen und in der ambulanten Pflege fehlt es überall an Personal. Ein sogenannter Fachkräftemangel besteht dann, wenn die Bundesagentur für Arbeit mehr offene Stellen zählt als Arbeitslose mit entsprechender Qualifikation oder wenn offene Stellen lange unbesetzt bleiben, also Engpässe zu beobachten sind. Einmal im Jahr gibt die Arbeitsagentur dazu einen Bericht heraus. Im Jahr 2020 kamen auf 100 offene Stellen in der Altenpflege nur 25 Arbeitslose, in der Krankenpflege steht das Verhältnis immerhin bei 100 zu 54.[10] Beide Berufe erreichen, verglichen mit anderen Branchen, regelmäßig traurige Spitzenwerte. Ähnlich sieht es aus, wenn man die Vakanzzeiten betrachtet, also die Anzahl an Tagen, die es braucht, um eine freie Stelle zu besetzen. In der Krankenpflege sind das aktuell 174 Tage, in der Altenpflege sogar 205 Tage. Bundesweit gibt es demnach einen Fachkräftemangel im Bereich der Pflege, die Deutschlandkarte ist in dem Bericht fast überall stark rot gefärbt.[11] Nur wenige Regionen melden keinen eklatanten Mangel. Ähnlich sieht es bei ambulanten Pflegediensten aus. Eine bundesweite Studie des Zentrums für Qualität in der Pflege zeigt, dass 53 Prozent der Pflegedienste offene Stellen mindestens drei Monate lang nicht besetzen konnten. Insgesamt seien 16 000 Stellen unbesetzt, 80 Prozent der Pflegefirmen mussten die Betreuung neuer Patientinnen und Patienten ablehnen. Mehr als jeder zehnte Betrieb musste sogar bisherigen Kundinnen und Kunden kündigen und deren Pflege einstellen.[12]

Zahlen wie diese zeigen: Der Personalmangel ist ein bundesweites Problem, das alle Formen der Pflege betrifft. Und er ist kein neues Phänomen, nichts, was uns unvermittelt erreicht hat und überraschen dürfte. Seit einigen Jahren halten Politikerinnen Sonntagsreden dazu, verkünden Reformen, Journalisten begleiten Pflegende auf überlasteten Stationen, Heimleiterinnen schlagen in Brandbriefen Alarm. Und doch ist das Thema eines, das kollektiv verdrängt wird, ähnlich wie es lange mit dem Klimawandel geschah. Jeder Mensch kennt zwar jemanden, der gepflegt werden muss, entweder zu Hause, im Seniorenheim oder in einer Klinik, entweder durch Pflegedienste oder durch Angehörige und Freunde. Jeder hat eine ungefähre Vorstellung davon, was der Pflegenotstand bedeutet und welche Folgen er haben könnte. Trotzdem ist der Druck auf die Politik nicht stark genug, fast so, als betreffe uns die Krise nicht. Das hat vielfältige Ursachen, angefangen bei der unzureichenden Organisation des Pflegepersonals selbst. Nur jede zehnte Altenpflegerin ist in einer Gewerkschaft, in der Krankenpflege ist die Zahl der gewerkschaftlich organisierten Angestellten nicht viel höher.[13] Viele Einrichtungen haben keinen Betriebsrat, die Berufsverbände sind selten prominent und lautstark.[14] In der Politik selbst hat die Pflege ebenfalls keine starke Lobby, es gibt keinen großen Interessenverband, wie ihn beispielsweise die Ärztinnen und Ärzte mit der Gewerkschaft Marburger Bund haben.

Es gibt kaum Politikerinnen, die selbst Erfahrungen in der Pflege gesammelt haben, auch keinen Pflegeminister, offiziell liegt das Thema zwischen dem Arbeits- und dem Gesundheitsministerium.

Doch die Pflege ist nicht nur schlecht organisiert und politisch quasi irrelevant, sie wird auch immer noch nicht ernst genommen. Sorgearbeit ist wichtig, darin sind sich viele einig. Und trotzdem will sie kaum jemand machen, kaum jemand fair bezahlen. Sie bleibt oft unsichtbar, hinter den verschlossenen Türen der Heime, Kliniken und Wohnhäuser. Bis heute ist Sorgearbeit oft die Angelegenheit von Frauen, mehr als 80 Prozent der Pflegefachpersonen in Deutschland sind weiblich. Immer noch ist ihr Stellenwert gering, weil in einer patriarchalen Gesellschaft »Frauenberufen« der Wert abgesprochen wird. In Branchen, in denen überwiegend Frauen arbeiten, werden schlechtere Löhne gezahlt und ihr gesellschaftliches Ansehen ist geringer, wie Zahlen des US-Zensus und der OECD zeigen.[15] Immer noch wird davon ausgegangen, dass Fürsorglichkeit eine angeborene Sache der Frauen sei, eine, für die es keine Qualifikation brauche, sondern die eine Geschlechterfrage sei. Eine Tätigkeit, die nicht besonders gut entlohnt werden muss, frei nach dem Motto: Dafür ist keine Ausbildung nötig, das ist eine Jede-Frau-Tätigkeit. Das führt zu einer Deprofessionalisierung der wichtigen Pflegeberufe und sorgt dafür, dass sie schlechter bezahlt und weniger anerkannt werden als andere Arbeit. Und dass sich daran nichts ändert, liegt auch daran, dass sich die wenigsten mit der wichtigen Arbeit der Pflege befassen wollen, wenn es nicht unbedingt erforderlich ist. Wenn nicht gerade jemand aus der Familie betroffen ist und man handeln muss. Sich mit Pflege zu beschäftigen, bedeutet auch, sich mit der eigenen Vergänglichkeit zu konfrontieren, sich mit dem Zerfall, dem Tod, dem Ende auseinanderzusetzen. Zu akzeptieren, dass auch Erwachsene früher oder später auf die Hilfe anderer angewiesen sind. Die Pflege hat es in unserer Wahrnehmung unter anderem so schwer, weil wir uns dazu zwingen müssen, unsere Verletzlichkeit zu thematisieren. Ähnlich wie bei Patientenverfügungen, Organspendeausweisen oder Testamenten: Auch da sind sich alle einig, dass das wichtige Themen sind. Dinge, über die man sich mal Gedanken machen sollte. Doch oft bleibt es bei dem reinen Vorsatz, und so können Jahre vergehen – es sei denn, es kommt zu einer Pandemie.

Das Jahr 2020 hat alles verändert. Die Coronakrise hat uns die Probleme in der Pflege täglich vor Augen geführt. Das Virus, das jeden treffen und zum Pflegefall machen kann, das Virus, das unsere Versorgung in Krankenhäusern bedroht, es hat uns gezeigt, wie fragil unser Pflegesystem ist. Die Särge in Bergamo, die Bilder von Pflegepersonal in Vollschutz und die von jungen Fachkräften, die Beatmungsgeräte bedienen und Angehörige trösten, sind um die Welt gegangen. Und mit ihnen haben wir auf das blicken müssen, was ein überfordertes Gesundheitssystem zur Folge haben kann. Die Coronakrise hat gezeigt, wie schnell ein Kipppunkt erreicht sein kann, wenn zu wenig Fachkräfte vorhanden sind und die Zahl der Patientinnen und Patienten die Kapazitäten übersteigt. Und plötzlich waren Pflegende nicht mehr nur schlecht bezahlte Sorgearbeiter, sondern die Systemrelevanten in unserer Gesellschaft. Diejenigen, die alles am Laufen halten, ohne die nichts geht. Auf Deutschlands Balkonen wurde für sie geklatscht, Bundeskanzlerin Angela Merkel sagte: »Ich möchte mich bei allen Beschäftigten für das außerordentliche Engagement in der Pflege bedanken. Wir alle sind uns einig, dass sich im Umgang mit den Schwächeren in unserer Gesellschaft auch zeigt, wie solidarisch und wie menschlich diese Gesellschaft ist.« Pflege sei »Ausdruck gelebter Menschlichkeit«.[16] Bundespräsident Frank-Walter Steinmeier dankte in einer Videobotschaft all jenen Pflegefachkräften, die »Enormes für unser Land« leisten.[17] Finanzminister Scholz verabschiedete einen steuerfreien Pflege-Bonus von bis zu 1500 Euro für die Altenpflege, später auch einen Bonus für die Krankenpflege. Zur besten Sendezeit kamen Pflegende zu Wort, Verlage und Medien interessierten sich für ihren Alltag.[18] Nie war Pflege so präsent. Jetzt liegt es an uns als Gesellschaft, dieses Momentum für echte Veränderungen zu nutzen.

Wenn das gelingt, könnte die Pflegekrise in Deutschland durch die Pandemie als eines der wichtigsten Themen unserer Zeit gesetzt werden, so wie es der Umweltbewegung mit der Klimakrise gelungen ist. Es wird Zeit für eine grundsätzliche Debatte über die Zukunft der Pflege, über die Finanzierung unseres Systems und die Frage, was geschehen muss, damit die Pflegekrise gelöst wird, bevor ihr Kipppunkt erreicht ist. In diesem Buch möchte ich Denkanstöße dazu liefern und einen Beitrag zum Kampf um eine bessere Pflege leisten. Ich möchte erklären, wie Gesundheit zum Geschäft wurde und weshalb das gefährlich ist. Ich will versuchen zu erläutern, wie es zu der Pflegekrise gekommen ist, die wir gerade erleben. Und ich möchte aufzeigen, welche Lehren wir aus der Pandemie ziehen können, was andere Länder besser machen und wie eine gute Zukunft der Pflege aussehen könnte. Und zuletzt möchte ich erläutern, weshalb wir nicht mehr warten, sondern die Chance nutzen und so schnell wie möglich handeln sollten.

Kapitel 1

Wie Gesundheit zum Geschäft wurde

Während einer meiner Recherchen zu Krankenhäusern in Deutschland bin ich auf folgende Meldung in der *Wirtschaftswoche* gestoßen: »Die Anlagetipps der Woche. Asklepios – Gesunde Rendite.«[1] Asklepios ist der zweitgrößte Klinikkonzern des Landes und erhöht der Meldung zufolge seinen Anteil am Konkurrenten, den Röhn-Kliniken. Jahresumsatz der Rhön-Kliniken: 1,3 Milliarden Euro, die Rendite liegt bei fast 14 Prozent. Asklepios hingegen macht eine Rendite von 10,4 Prozent und will weiterwachsen. »Finanziell wären Zukäufe kein Problem. Asklepios erwirtschaftet mit seinen mehr als 150 Kliniken deutlich steigende Gelder aus dem laufenden Geschäft«, schreiben die Autoren. Während öffentliche Krankenhäuser »unter knappen Kassen« leiden würden, seien private Kliniken hoch profitabel. Allein in den vergangenen fünf Jahren sei der Umsatz um ein Drittel gestiegen. Deshalb sei Asklepios einer der interessantesten Anleiheschuldner überhaupt.[2] Ohnehin gilt der Gesundheitssektor als eine gute

Wette. Auch die Unternehmensberatung McKinsey bezeichnet Kliniken als »einmalige Gelegenheit« für Investitionen. Im Schnitt könne man damit eine Rendite von 13 bis 15 Prozent erzielen.[3] Der Gesundheitssektor übertreffe damit alle anderen Sektoren, so McKinsey.

Ich begann, mir die Unternehmenszahlen der drei größten privaten Klinikbetreiber anzusehen, und war erstaunt: Der Konzern Fresenius Helios setzt jährlich 5,97 Milliarden Euro um und damit mehr als die Fastfood-Kette McDonald's in Deutschland.[4] Die Asklepios Kliniken erwirtschaften pro Jahr 3,54 Milliarden Euro und liegen damit knapp vor der Parfümeriekette Douglas oder der Microsoft Deutschland GmbH.[5] Die Sana-Kliniken übertreffen mit ihren 2,7 Milliarden Euro Jahresumsatz sogar den Textilhändler C&A und den Versandriesen Hermes.[6] In keiner Branche gab es in den vergangenen Jahren mehr Firmenzukäufe als im Gesundheitssektor, das belegen Zahlen der Hans-Böckler-Stiftung. Gemessen an der Menge der Angestellten in der Branche, hat der Gesundheitssektor mit Abstand die meisten Firmenübernahmen zu verzeichnen.[7] Denn Klinikkonzerne sind attraktive Investitionen, sie erwirtschaften nicht nur Milliardenumsätze, sie erzielen auch Gewinne in Millionenhöhe und schütten Rendite an ihre Aktionäre aus.

Gleichzeitig herrscht in der Pflege ein massiver Personalmangel, Angestellte klagen über zu wenig Zeit und Gehalt sowie über zunehmenden Druck und Überstunden. Viele arbeiten am Limit. Patientinnen und Patienten fühlen sich oft schlecht und wie am Fließband behandelt, während die größten Klinikbetreiber als lukrative Anlageobjekte gelten. Gesundheit ist längst ein Geschäft, und nur wenige Märkte wachsen stärker und steiler. Wie kann das sein?

Bis zum Jahr 1985 waren Renditen im Gesundheitswesen unmöglich, ja undenkbar. Kliniken waren wie Schulen, Kindergärten, die Polizei oder die Feuerwehr Teil der öffentlichen Daseinsvorsorge. Es war Krankenhäusern schlichtweg gesetzlich verboten, Gewinne zu erzielen. Doch am 21. August 1985 wurde eine neue Bundespflegesatzverordnung erlassen, die im Jahr darauf in Kraft treten sollte.[8] Zusätzlich wurde am 23. Dezember das Krankenhausfinanzierungsgesetz überarbeitet. Was bürokratisch klingt, hat das Gesundheitssystem in Deutschland für immer verändert. Es wurden flexible Budgets eingeführt, Abschlagszahlungen ermöglicht und erstmals auch Gewinne und Verluste erlaubt. Wenn eine Klinik unter ihrem Budget blieb, konnte sie von nun an Gewinne verbuchen und Profite erzielen.[9] Mit den Jahren folgten immer weitere kleine Reformen, die das Entgeltsystem veränderten und mehr Profite möglich machten. Keine Entscheidung beschleunigte die Ökonomisierung des Systems allerdings so stark wie ein Gesetz aus dem Jahr 2002: das Fallpauschalengesetz.[10] Eine Entscheidung, die bis heute kommunale Kliniken in Schieflage bringt und private Betreiber zu Renditejägern macht.

Erst war die neue Vereinbarung freiwillig, im Jahr 2004 wurden die Pauschalen dann für alle Kliniken in Deutschland verpflichtend. Mit den Fallpauschalen wurde ihre Finanzierung völlig neu gestaltet, nach einem gänzlich neuen Prinzip. Pro Behandlung und Operation sollte es nun eine feste Pauschale geben, festgeschrieben in einem Katalog. Kliniken bekamen ab sofort nicht mehr die tatsächlichen Kosten erstattet, die bei Operationen und Behandlungen anfielen, sondern nur noch einzelne Leistungen pauschal vergütet. Für einen Patienten, der eine künstliche Herzklappe eingesetzt bekommt, gibt es seitdem einen festen Betrag, und zwar völlig unabhängig davon, wie lange er im Krankenhaus gepflegt werden muss. Die Tagessätze für die Zeit der Pflege nach der Operation wurden abgeschafft. Auch ist seitdem egal, welche hochwertigen Materialien eingesetzt werden, ob es zu Komplikationen kommt oder die Behandlung erfolgreich verläuft. Bezahlt wurde nur noch die Behandlung an sich, nicht mehr das Personal, die anfallenden Kosten oder der Erfolg. Die nun gleiche Vergütung für die Behandlungen sollte einen Wettbewerb unter den Kliniken entfachen. Es sollte erstmals im Gesundheitssektor das Prinzip der freien Marktwirtschaft gelten. Die Kosten sollten sinken, unnötige Behandlungen verhindert werden, die Ergebnisse sollten sich durch auf gewisse Operationen spezialisierte Kliniken verbessern. Doch das Gegenteil geschah: Deutschland hat heute eines der teuersten Gesundheitssysteme der Welt.[11] Eine Studie der Hans-Böckler-Stiftung zeigt, dass durch die Fallpauschalen keine Kosten gespart wurden. Seit den 1990er-Jahren gibt Deutschland konstant zwischen 2,6 und 2,7 Prozent des Bruttoinlandsprodukts für die stationäre Versorgung aus.[12]

Die Fallpauschalen haben Fehlanreize ausgelöst. Vor allem hat die unterschiedlich hohe Vergütung von Behandlungen und Operationen das System über die Jahre schleichend ausgehöhlt. Denn bestimmte Behandlungen bringen nun deutlich mehr Geld ein als andere. Heute hat Deutschland in der Orthopädie und in der Kardiologie die weltweit höchsten Fallzahlen.[13] Patientinnen und Patienten mit Hüft-, Knie- und Rückenschmerzen werden reihenweise operiert, schlichtweg weil das höhere Pauschalen einbringt, als chronisch kranke Menschen lange zu pflegen. Gleichzeitig wurde massiv am Personal gespart, schließlich werden die Fallpauschalen unabhängig davon gezahlt, wie viele Pflegefachkräfte oder Ärztinnen den Fall betreuen. Zu Gewinnen kommt es letztendlich nur dann, wenn die anfallenden Kosten niedriger als die Beträge der Fallpauschalen sind. Und am einfachsten lässt sich am Personal sparen. Dieses sogenannte DRG-System führt also dazu, dass Kliniken kalkulieren, einsparen, Kosten drücken, um Gewinne zu erzielen. Gleichzeitig müssen Krankenhäuser aber auch Notfälle versorgen und wenig lukrative Behandlungen durchführen, um die Versorgung einer Region sicherzustellen. In der Konsequenz sind aus allen Krankenhäusern Wirtschaftsunternehmen geworden, die für ihre Finanzierung um die lukrativsten Patienten konkurrieren müssen. Und weil die staatlichen oder kommunalen Häuser ihren Versorgungsauftrag erfüllen müssen, picken sich die privaten Betreiber die profitabelsten Fälle aus dem System heraus. Sie spezialisieren sich auf Operationen, die Rendite ermöglichen. Sie bieten vorwiegend Behandlungen an, die sich nach dem Fallpauschalensystem rechnen.[14] Den staatlichen Kliniken entgehen somit die wenigen gut dotierten Fälle, was sie dauerhaft in die roten Zahlen treibt, während die privat betriebenen Häuser Gewinne einstreichen. Die Folge: Immer mehr staatlich betriebene Kliniken gehen insolvent, müssen schließen, werden durch private Häuser ersetzt. Heute sind 721 Kliniken in privater Trägerschaft, 652 Krankenhäuser sind gemeinnützig, also in der Hand von Caritas oder den Johannitern, und nur noch 552 sind öffentliche Kliniken.[15] Während davon die meisten Kliniken rote Zahlen schreiben, profitieren die Privaten, drücken Kosten und sparen am Personal. Seit den 1990er-

Jahren wurden in der Krankenpflege 50000 Stellen abgebaut.[16]

Zwangsläufig verschlechtert sich dadurch auch die Versorgung der Patientinnen und Patienten. Im Jahr 2018 hat eine internationale Studie nachgewiesen: Es besteht ein Zusammenhang zwischen dem Personalmangel in der Pflege und der Sterblichkeit der Patientinnen und Patienten eines Krankenhauses. Ein Wissenschaftlerteam aus Großbritannien, Italien und Schweden hat dazu über mehrere Jahre hinweg die Zahlen eines Krankenhauses in England analysiert und nachgewiesen, dass die Sterbewahrscheinlichkeit deutlich erhöht war, wenn wenig Personal zur Verfügung stand und es einen Pflegemangel zu beobachten gab. An jedem Tag, an dem die professionelle Pflegebetreuung unterdurchschnittlich besetzt war, konnten die Wissenschaftlerinnen und Wissenschaftler eine um drei Prozent erhöhte Sterbewahrscheinlichkeit feststellen.[17] Das liegt vor allem daran, dass Pflegende Komplikationen und Notfälle verhindern sowie Nebenwirkungen lindern. Pflegefachkräfte erkennen Veränderungen bei Patientinnen und Patienten, Auffälligkeiten an Körper und Psyche und sehen Hinweise auf andere Erkrankungen oder Verschlechterungen des Zustands. Sie verbringen die meiste Zeit mit den Patienten, während Ärztinnen oft nur wenige Minuten für die Visite in den Zimmern haben. Oft ist der Arbeitsalltag von Ärzten so eng getaktet, dass sie Patientinnen und Patienten nur kurz aufklären und im Schnellverfahren am Bett prüfen können. Pflege rettet also Leben. Außerdem unterstützen Pflegefachkräfte den Prozess des Gesundwerdens, durch ihre Pflege, aber auch durch ihre Gespräche und Fürsorge. Letztendlich ist die Pflege ein Beruf, der sowohl physisch als auch psychisch wirkt und erkrankte Menschen ganzheitlich unterstützt. Doch genau dafür bleibt den Pflegenden in einem profitorientierten und auf Effizienz getrimmten System immer weniger Zeit.

Man stelle sich nur einmal vor, die Feuerwehr und die Polizei wären in unserem Land ebenfalls einem solchen Gewinnprinzip unterworfen. Die Feuerwehr würde also nach Bränden und die Polizei nach Straftaten pauschal bezahlt. Um Gewinne zu erzielen, würde es nur noch darum gehen, mit möglichst wenig Personal die meisten Brände zu löschen oder Täter zu fassen. Die Feuerwehrdienststelle in einem Ort mit wenig Bränden würde kaputtgespart und wäre bei einem Großeinsatz einige Monate später heillos überfordert, der Schaden wäre enorm. Polizistinnen und Polizisten wären in ihren Schichten unterbesetzt, müssten aber gleichzeitig mehr Fälle bearbeiten und abschließen, damit die Dienststelle nicht geschlossen wird. Fehler würden sich einschleichen, am Monatsende würden die Falschen festgenommen, weil Quoten erfüllt werden müssen. Die Einsatzwagen würden nur noch mäßig in

Stand gehalten, weil Kosten eingespart werden müssen, auch die Ausrüstung wäre schnell nicht mehr auf dem neuesten Stand. Es ginge nicht mehr um Qualität, sondern um Quantität, nicht mehr darum, gründlich zu ermitteln oder gut auf ein Feuer vorbereitet zu sein. Wenn dann auch noch die Fälle je nach Schweregrad unterschiedlich bezahlt würden, wäre das System marktwirtschaftlich perfekt. Nehmen wir an, Raub und Diebstahl wären weniger einträglich als Mord und Totschlag. Oder der Brand in der teuren Wohngegend würde höher vergütet als der Waldbrand am Stadtrand. Es würden sich private Polizei- und Feuerwehrdienste gründen und sich auf Mordfälle beziehungsweise Hausbrände spezialisieren. Es würde nicht lange dauern, bis Verbrechen unentdeckt blieben, Brände außer Kontrolle gerieten und es sich lohnen würde, selbst Brände zu legen, um sie nachher löschen zu können. Was absurd klingt, ist – etwas überspitzt formuliert – in unserem Gesundheitswesen geschehen. Das Profitstreben hat dazu geführt, dass viele kommunale Krankenhäuser Stationen schließen und Personal entlassen mussten, um selbst überleben zu können. Die Fallpauschalen haben nachweislich dazu geführt, dass es einen massiven Anstieg lukrativer Operationen gab und weniger lukrative Behandlungen seltener durchgeführt werden, obwohl sie vielleicht die bessere Option für die Patientinnen und Patienten wären. Das System hat sich selbst verwundet.

Doch Kliniken sind längst nicht der einzige Bereich unseres Gesundheitswesens, der einem Profitstreben untergeordnet ist. Die Pflege in Seniorenheimen und ambulanten Diensten ist vielerorts ebenfalls gewinnorientiert organisiert. Lange war auch das verboten, bis im Jahr 1995 der Pflegesektor für den privaten Markt geöffnet wurde. Damals führte der Sozialminister Norbert Blüm die Pflegeversicherung ein, um die Pflege weiter zu professionalisieren und nicht nur den Familien, Kirchen, Wohlfahrtsverbänden und dem Staat zu überlassen.[18] Eigentlich ist dies eine Erfolgsgeschichte, denn wer früher zum Pflegefall wurde, erlebte oft einen demütigenden Gang zum Sozialamt, musste sein Vermögen aufgeben und Sozialhilfe beantragen. Zeitweise waren zwei Drittel aller Heimbewohnerinnen und -bewohner darauf angewiesen. Die Reform änderte das, verpflichtete jeden Bürger dazu, sich gesetzlich oder privat gegen das Pflegerisiko zu versichern. Wer heute pflegebedürftig ist, bekommt nun Pflegegeld ausgezahlt, monatlich, gestaffelt nach dem Schweregrad der Erkrankung. Entweder geht das Geld an ein Pflegeheim, an pflegende Angehörige oder an ambulante Dienste, manchmal wird es auf mehrere Partner verteilt. Nur dadurch kann die große Zahl an Pflegebedürftigen heute versorgt werden. Mehr als 3,99 Millionen Menschen erhalten die Leistungen, ein Viertel davon lebt im Heim.[19] Gleichzeitig stellte die Reform sicher, dass durch diese garantierten Gelder dringend benötigte Pflegeeinrichtungen gebaut werden konnten. Bis heute ist das ein Meilenstein deutscher Pflegepolitik, der viele seiner Ziele erfüllt hat. Erstmals gab es eine staatliche Leistung, die Menschen für ihre Pflege absichert, wenn auch nicht komplett, sondern nur in einer Teilkaskoleistung. Viele der Kosten müssen deshalb weiterhin von Angehörigen oder den Patientinnen und Patienten selbst übernommen werden.

Durch die Schaffung privater Pflegeversicherungen und durch die garantierten Einnahmen für Pflegedienste ist auch ein Pflegemarkt entstanden. Die Pflege wurde zu einem lukrativen Geschäft. Überall in Deutschland bauten private Betreiber Seniorenheime, Investoren gaben Kapital, Grundstücke wurden gekauft, ungenutzte Häuser zu Heimen umfunktioniert. Begriffe wie Wettbewerb, Konkurrenz und Markt kamen in der Pflegebranche regelrecht in Mode und sind dadurch auch untrennbar mit der Einführung der Pflegeversicherung verbunden. Denn zum einen stellt die Versicherung eine sichere Einnahmequelle dar, und zum anderen wurden zusätzlich auch private Pflegeversicherungen geschaffen – und damit ein Markt, der in einer immer älter werdenden Gesellschaft so einträglich wie kaum ein anderer ist. Ein Markt, der schnell von Unternehmen und Konzernen übernommen wurde. Während vor 20 Jahren immerhin 15 Prozent aller Pflegeheime öffentlich geführt wurden, trifft das heute nur noch auf vier Prozent zu. Ebenso sinkt der Anteil der gemeinnützig organisierten Seniorenheime seit Jahren kontinuierlich, während immer mehr Einrichtungen privat organisiert sind: mittlerweile knapp 44 Prozent aller Pflegebetriebe in Deutschland.[20]

Vor allem in der Spitze ist der Pflegemarkt heute in privater Hand. Die fünf größten Betreiber von Seniorenheimen sind alle privatwirtschaftlich organisiert, unter den ersten zehn Plätzen finden sich nur drei gemeinnützige Unternehmen.[21] Allein der private Marktführer Korian besitzt mehr Pflegeplätze als die Johanniter, die Arbeiterwohlfahrt und die Evangelische Heimstiftung zusammen. Auf den weiteren Plätzen folgen mit Alloheim und der Victor's Group Konzerne, die seit Jahren wachsen und weitere Heime aufkaufen. Das ist besonders profitabel. Jährlich werden in der Altenpflege rund 50 Milliarden Euro umgesetzt, bis zum Jahr 2030 dürfte der Umsatz der Branche auf 85 Milliarden Euro steigen, wie eine Prognose der Unternehmensberatung Roland Berger zeigt.[22] Auch deshalb haben internationale Immobilienkonzerne oder Pensions- und Hedgefonds die Pflege in diesem Jahrtausend als Spekulationsobjekt entdeckt. Der börsennotierte Konzern Deutsche Wohnen etwa hat in den vergangenen Jahren 30 Pflegeeinrichtungen für insgesamt 680 Millionen Euro gekauft und 120 Millionen Euro in Seniorenheime in Hamburg investiert.[23] Gleichzeitig wurde der private Pflegekonzern Alloheim von Investoren gekauft. Im Jahr 2008 gehörten dem Unternehmen nur 13 Altenheime an, dann kaufte der Private-Equity-Investor StarCapital aus England die Firma. Fünf Jahre später verkaufte der Londoner Investor die Pflegekette mit dann 49 Häusern für 180 Millionen Euro an die US-amerikanische Beteiligungsgesellschaft Carlyle. Im Jahr 2017 verkauften die New Yorker Anleger Alloheim wiederum für über eine Milliarde Euro an einen schwedischen Investor.[24]

Was bei Alloheim geschieht, ist längst kein Einzelfall. Vor allem Immobilien im Gesundheitsbereich sind hoch profitabel, selbst im Krisenjahr 2020 wurden dort laut Zahlen des Beratungsunternehmens BNP Paribas Real Estate mehr als vier Milliarden Euro investiert – ein Anstieg um 68 Prozent im Vergleich zum Vorjahr.[25] Expertinnen und Experten der Branche beobachten vermehrt den Trend, dass Investoren und Hedgefonds Pflegeheimketten kaufen, sanieren, profitabel machen und für enorme Summen erneut verkaufen. Ein Profit, der oft zu Lasten des Personals, der Instandhaltung der Immobilien und der Pflege geht. Zwar gibt es gesetzliche Vorschriften, mit wie viel Personal gepflegt werden muss, und auch auf der Preisseite können die Betreiber keine Unsummen für einen Pflegeplatz verlangen, immerhin herrscht Konkurrenzkampf. Trotzdem schaffen es die Betreiber in kürzester Zeit, Gewinne und Rendite auszuschütten und Kosten einzusparen. Sie spezialisieren sich auf Schwerstfälle, die einen höheren

Pflegesatz und damit mehr Geld von der Pflegeversicherung bringen. Vor allem aber sparen sie an der Verpflegung und den Wohn- und Investitionskosten, die Bewohnerinnen und Bewohner oder ihre Familien selbst zu tragen haben.[26] Und sie sparen am Personal, das in privaten Heimen weniger verdient und meist nicht an Tarifverträge gebunden ist. Die Folge ist oft eine schlechtere Pflege, vor allem in profitorientierten Heimen im Vergleich zu gemeinnützigen Trägern, wie eine Studie des Instituts für Gesundheitssystemforschung der Universität Witten/Herdecke zeigt.[27] In der Vergangenheit standen immer wieder vor allem privat betriebene Einrichtungen der Pflege im Fokus von Recherchen – oft angestoßen von Investigativjournalisten wie Günter Wallraff oder Pflegeexperten wie Claus Fussek.[28] Im Jahr 2016 deckten der *Bayerische Rundfunk* und die *Welt am Sonntag* auf, wie 230 Pflegedienste bundesweit gemeinsam Abrechnungen fälschten, getrieben vom Profit.[29] Auch in zahlreichen Seniorenheimen wurden in den vergangenen Jahren Missstände publik gemacht, angefangen bei Seniorinnen, die unrechtmäßig an Betten fixiert wurden, bis hin zu Fällen von Mangelernährung, wie im Fall der Seniorenresidenz Schliersee in Bayern.[30] Nicht immer, aber oft ist das die Folge von Personalmangel und Einsparungen. Diese offenbaren sich bundesweit, wie der Pflegequalitätsbericht des Medizinischen Diensts der Krankenkassen zeigt.[31] Demnach sind mehr als neun Prozent der Bewohnerinnen und Bewohner mangelhaft ernährt gewesen, und bei mehr als zwölf Prozent war eine unzureichende Körperhygiene zu beobachten. Auch wenn in manchen Bereichen ein Rückgang der Missstände zu sehen ist, kommen solche Skandale immer noch zu häufig vor und könnten mit mehr Personal, mehr Kontrollen und besseren Arbeitsbedingungen verhindert werden. Die Profitorientierung der Pflege hat also sowohl im Gesundheits- als auch im Pflegewesen ihre Spuren hinterlassen – und nimmt infolge von Privatisierungen weiter zu. Während gemeinnützige Träger ihre Pflegeplätze in den vergangenen Jahren nur minimal erhöhen konnten, haben private Konzerne ihren Anteil am Pflegemarkt massiv vergrößert.[32] Ähnlich sieht es im Bereich der Kliniken aus, wie ich im nächsten Kapitel aufzeige. Auch dort ist es zu einer enormen Spaltung zwischen privat und staatlich betriebenen Einrichtungen gekommen – zu Lasten der Pflegenden und ihrer Patientinnen und Patienten.

Kapitel 2
Kranke Krankenhäuser

Während private Kliniken Profite machen, geht es den restlichen Krankenhäusern in Deutschland oft schlecht. Wie bereits im vorigen Kapitel beschrieben, nehmen die Privaten ihnen die im Fallpauschalensystem als lukrativ angesehenen Patientinnen und Patienten weg, indem sie sich auf profitable Behandlungen wie Hüftgelenksoperationen, Herzkatheteruntersuchungen oder Gelenkspiegelungen spezialisieren. Gleichzeitig haben nur die wenigsten privaten Kliniken eine Notaufnahme, einen Kreißsaal oder behandeln Kinder, die an Krebs erkrankt sind. Alles nicht profitabel genug. Dies ist ein großer Vorteil gegenüber den städtischen, kommunalen und gemeinnützigen Kliniken, mit denen sie konkurrieren – manchmal in direkter Nachbarschaft. Und die staatlichen Krankenhäuser, die Notaufnahmen betreiben, Kreißsäle offen halten und für das Allgemeinwohl arbeiten, sind meist chronisch verschuldet. In der Folge arbeiten 40 Prozent der Krankenhäuser mit Verlust, 13 Prozent sind von Insolvenz bedroht, wie eine Studie des Bundesrechnungshofs zeigt.[1] Von den bundesweit 1925 Krankenhäusern, die 19,4 Millionen Patienten versorgen, werden viele die Zeit nach der Pandemie nicht überleben.[2] Denn einerseits ist da die Konkurrenz der Privaten und das Fallpauschalensystem, das langfristig zwangsläufig zu Schulden führt, wenn man auch unprofitable Behandlungen durchführt. Andererseits kommen die Bundesländer ihrer Aufgabe, Investitionen in Krankenhäusern zu finanzieren, nur unzureichend nach. Diese dritte Finanzierungssäule der Kliniken funktioniert schon seit einigen Jahren kaum noch, beklagt der Bundesrechnungshof. Jährlich fehlen den Krankenhäusern gemessen an ihrem Bedarf rund drei Milliarden Euro für neue Geräte, Umbauten oder Sanierungen. Die Investitionsquote der Bundesländer sei in den vergangenen Jahren stark rückläufig, beobachten die Expertinnen und Experten in ihrem Bericht. Die Auswirkung sind marode Krankenhäuser, schlecht ausgestattete Stationen und Chefärztinnen, die nach unternehmerischen Kriterien über Operationen entscheiden müssen und nicht danach, wie sinnvoll eine Behandlung ist. Letztendlich müssen sie sogar die Erlöse aus den Fallpauschalen der Krankenkassen für Investitionen an der Infrastruktur ausgeben, anstatt damit die Versorgung der Patientinnen und Patienten zu finanzieren. Andernfalls bringen sie ihr Klinikum in Schieflage, möglicherweise droht die Schließung.

Selbst in Zeiten der Pandemie mussten Kliniken Kurzarbeit anmelden, Mitarbeiterinnen und Mitarbeiter entlassen oder Stationen schließen.[3] Mehr als 21 Kliniken mussten sogar während der Pandemie komplett den Betrieb einstellen. In den vergangenen Jahren erreichten mich regelmäßig offene Briefe oder Petitionen von Angestellten, die um ihre Jobs bangten. Oder E-Mails von Bürgerinnen, die um ihre Klinik fürchteten. Denn fast jedes Krankenhaus, das schließt, bedeutet längere Fahrtwege für Patientinnen und Patienten, und in einem Notfall kann jede Minute entscheidend sein. Einer, der sich dagegen wehrt, ist Achim Brötel, CDU-Politiker und Landrat im Neckar-Odenwald-Kreis. Während des ersten Shutdowns sprach ich mit ihm über die Kliniken in seiner Region. »Krankenhäuser im ländlichen Raum sind seit Einführung der Fallpauschalen chronisch unterfinanziert«, sagte Brötel.[4] Denn insbesondere kleine Krankenhäuser mit wenigen Behandlungen oder mit Patienten, die lange bis zu ihrer Entlassung gepflegt werden müssen, geraten durch sie in finanzielle Schwierigkeiten.

Das ist Absicht. Denn über viele Jahre galt das deutsche Krankenhauswesen als zu teuer. Zu viele und oft kleine Kliniken überall im Land seien dauerhaft nicht zu finanzieren, hieß es. Mehr Krankenhäuser zu privatisieren oder zu schließen ist seit den 1990er-Jahren das ausgerufene Ziel der Politik. Selbst SPD-Politiker wie Karl Lauterbach und der ehemalige Gesundheitsminister Hermann Gröhe (CDU) befürworteten diese Entwicklung.[5] Letzterer verabschiedete im Jahr 2015 eine Krankenhausreform, die Schließungen beschleunigen sollte. Die Idee: Planbare Operationen sollen nur noch an spezialisierten Krankenhäusern durchgeführt werden. So sollen Krankenhäuser nach dem Gesetz bestimmte Leistungen wie etwa Knie- oder Hüftoperationen nur noch dann vergütet bekommen, wenn sie pro Jahr auf eine festgelegte Menge an solchen Behandlungen kommen.[6] Das mag auf der einen Seite sinnvoll sein, damit diejenigen, die viel Routine in Eingriffen haben und dadurch mehr Qualität bieten, besser bezahlt werden. Denn wo solche Behandlungen selten vorkommen, werden schneller Fehler gemacht. Gleichzeitig führt das aber vor allem dazu, dass sich lukrative Operationen auf bestimmte Kliniken verteilen und andere nicht genug unterstützt werden und neue Schulden machen müssen. Das scheint beabsichtigt, hat die Bundesregierung doch in demselben Gesetz einen Strukturfonds eingerichtet, um Länder und Kommunen zum Abbau von Kliniken zu ermuntern. Wenn Kliniken zu Pflegezentren oder Hospizen umfunktioniert werden, fördert der Bund das mit bis zu 500 Millionen Euro.[7] Die Kritik an der Klinikreform war riesig, die Opposition sprach von einer »Abwrackprämie für Abteilungen und Kliniken« und beklagte, dass nicht die bedarfsgerechte und humane Versorgung von Kranken im

Vordergrund stehe. Sie klagten über die Prinzipien von Markt, Wettbewerb und Konkurrenz, die zu Schließungen und Privatisierungen führen würden. Auch die Deutsche Krankenhausgesellschaft kritisierte, dass mit der Reform »weder die Versorgung der Patienten verbessert noch die Finanzierung der Krankenhäuser gesichert« werden würde.[8]

Doch genau die befürchteten Schließungen waren beabsichtigt, damit kleine unrentable Kliniken aufgeben und nur noch große spezialisierte Zentren entstehen. Das würde Kosten einsparen und die Versorgung verbessern, argumentierte die Regierung. Und ihre Bemühungen fruchteten: Vor 20 Jahren zählte das Statistische Bundesamt noch knapp 2400 Krankenhäuser. Übrig geblieben sind laut Statistischem Bundesamt nur noch rund 1925 Kliniken.[9] Die Zahl der Krankenhausbetten wurde ebenfalls drastisch reduziert, von 666000 Plätzen nach der Wiedervereinigung auf 498000 im Jahr 2018, nur die Kapazität der Intensivbetten wurde erhöht.[10] Auch kurz vor der Pandemie, in den Jahren 2018 und 2019, wurden weitere 4000 Krankenhausbetten abgebaut. Ohne die Coronakrise wäre dieser Prozess weiter vorangeschritten.[11] Eine viel beachtete Studie der Bertelsmann Stiftung hatte noch 2019 eine dramatische Reduzierung der Kliniken gefordert: Von den Krankenhäusern in Deutschland seien nur 600 vonnöten, der Rest sollte geschlossen werden.[12] Gesundheitsminister Jens Spahn nahm das zum Anlass, noch Ende Februar 2020, kurz vor Ausbruch der Pandemie in Deutschland, mehr Mut bei Krankenhausschließungen zu fordern.[13] Doch dabei verkennt der Minister: Die finanzielle Schieflage ist nicht das Resultat schlechten Wirschaftens, sondern des Fallpauschalensystems.

Besonders prekär ist die Lage in Süddeutschland, wo der Landkreis von Achim Brötel liegt. Laut einer Studie sind dort sechs von zehn Krankenhäusern chronisch unterfinanziert. 78 Prozent der öffentlichen Krankenhäuser sind verschuldet. Auch die Neckar-Odenwald-Klinik gehört dazu, im Jahr 2019 musste der Landkreis von Achim Brötel ein Defizit von 12 Millionen Euro ausgleichen. »Das geht auf Dauer nicht«, sagte Brötel. Der Landrat stellte mit Blick auf die Bertelsmann-Studie fest: »Wenn wir das umgesetzt hätten, bräuchten wir den Kampf gegen Corona gar nicht erst beginnen. Wir hätten ihn schon längst verloren.« Die Kliniken in seinem Landkreis seien vom Schließungsplan direkt betroffen. Hätte sich der Landkreis an diese Vorschläge gehalten, sagte Brötel, wären sie schon früh an die Grenzen ihrer Intensivkapazitäten gestoßen. Er hatte deshalb eine Spendenaktion ins Leben gerufen und gemeinsam mit den Bürgerinnen und Bürgern seiner Region in wenigen Tagen 48 000 Euro für die Kliniken gesammelt. »Das ist nur ein symbolischer Betrag, zeigt aber, dass wir uns um die Zukunft unserer

Krankenhäuser sorgen.« Gleichzeitig kritisierte er, dass die gesetzlichen Krankenkassen über Reserven von 20 Milliarden Euro verfügten. »Es muss zwingend ein Umdenken im deutschen Gesundheitssystem stattfinden. So wie es bisher war, kann es nicht weitergehen«, so Brötel. Vor allem die Pandemie habe doch gezeigt, dass »die Existenz vieler kleiner Krankenhäuser in der Fläche in diesen Tagen eine Lebensversicherung für Tausende von Menschen ist«, sagte mir auch Georg Baum, Geschäftsführer der Deutschen Krankenhausgesellschaft. Viele Häuser würden sich in der Krise als ein wirksames Mittel gegen die Infektionsverbreitung erweisen. »Nicht vorstellbar, wenn wir nur Großkliniken und davon einige mit Aufnahmestopp wegen der Infektionslast hätten«, sagte Baum.[14]

Besonders von den jüngsten Reformen und der Ausrichtung auf gewinnbringende Behandlungen betroffen sind Stationen, auf denen Kinder behandelt werden, oder Kliniken, die sich auf die Therapie von jungen Menschen spezialisiert haben. »Mit Kindern kann man kein Geld verdienen«, stellte Annic Weyersberg fest, die an der Universität Köln zur Ökonomisierung der Medizin forscht. Eine Kollegin und ich recherchierten dazu Ende des Jahres 2019. Weyersberg sprach davon, dass seit der Gesundheitsreform von 2003 die Kindermedizin in Deutschland zum Teil erheblich unterfinanziert sei. Immer mehr

Kliniken für Kinder müssen Betten abbauen, Stationen schließen oder den Betrieb aufgeben. Die Folgen für Ärztinnen und Ärzte, Familien und kranke Kinder seien fatal. In einigen Regionen herrscht schon heute eine Unterversorgung. So musste beispielsweise in München im Jahr 2020 die gesamte Klinik für Kinder- und Jugendpsychosomatik schließen.[15] Hier wurden Kinder betreut, die sich oft aggressiv verhalten, weil sie versuchen, sich in das System Schule einzufügen, es aber nicht schaffen – ähnlich wie die Protagonistin im deutschen für einen Oscar nominierten Film *Systemsprenger*. Seit Sommer 2018 steht die Tagesklinik für Grundschülerinnen und -schüler leer. Auch die vor fast drei Jahren gegründete ganzheitliche Eltern-Tagesklinik, in der Mütter und Väter gemeinsam mit ihren psychisch erkrankten Kindern in Gruppen- und Einzelgesprächen betreut wurden, musste wieder schließen. Dabei gilt ein solches familienorientiertes Behandlungskonzept als besonders wirksam. Dass immer mehr Stationen und auch ganze Kliniken für Kinder und Jugendliche schließen müssen, hat einen einfachen Grund: Ihre Versorgung ist teuer – und sie wird zu gering vergütet. Annic Weyersberg erklärte das an einem simplen Beispiel: »Für die Blutentnahme bei einem Erwachsenen braucht man nur wenige Minuten. Kinder müssen auf eine Blutentnahme ganz anders vorbereitet werden. Dazu braucht es neben dem Arzt häufig Pflegefachkräfte, die das Kind beruhigen und unterstützen. Das kann manchmal auch eine halbe Stunde dauern. So durchzieht das die ganze Kindermedizin.« Dieser Mehraufwand sei im Entgeltsystem nicht richtig abgebildet, sagte Weyersberg. Denn durch die intensive Betreuung sind die Personalkosten in der Kindermedizin rund 30 Prozent höher als in der Erwachsenenmedizin. Um dem entgegenzuwirken wurden über die Jahre hinweg altersspezifische Fallpauschalen eingeführt. »Diese reichen aber nach den Erfahrungen vieler Kinderärzte nicht aus, um die Mehrkosten zu decken«, so Weyersberg. Die Folge: »Kinderstationen sind für ein Gesamtklinikum wirtschaftlich häufig nicht profitabel – im Gegenteil. Und das macht sich vor allem beim Personal bemerkbar.«

Doch der Widerstand ist groß, in Parchim in Mecklenburg-Vorpommern zum Beispiel. Dort demonstrierten in der Woche vor Weihnachten 2019 etwa 250 Menschen: Ein Traktor fährt voraus, hinter ihm laufen Menschen mit Trillerpfeifen im Mund und tragen Schilder mit Sätzen wie »Politik oder Geldgier? Auf Kosten unserer Kinder und werdenden Mütter« durch die Straßen. Andere haben ein Herz ausgedruckt. Viele Parchimer sind wütend: Seit Juni 2019 ist die Kinderklinik in der Kleinstadt stillgelegt.[16] Ende des Jahres musste sie komplett schließen. Die für Parchimer nächstgelegene Kinderklinik befindet sich im rund 50 Kilometer entfernten Schwerin. Im besten Fall ist die Landeshauptstadt in

45 Minuten erreichbar. Wenn auf den Straßen viel los ist, dauert die Fahrt länger. Nastja Lange hält das für nicht zumutbar. Die gebürtige Parchimerin ist Mutter einer einjährigen Tochter. Für unsere Recherche hatten wir mit ihr gesprochen, sie kämpfte monatelang für den Erhalt der Kinderklinik, hat mit einer Petition mehr als 50 000 Unterschriften gesammelt, obwohl Parchim weniger als 20 000 Einwohner hat.[17] Darüber hinaus hat sie zwei Demonstrationen organisiert. »Im Ernstfall kann die Fahrtzeit zur Klinik über Leben oder Tod entscheiden«, sagte Lange. Der Gemeinsame Bundesausschuss hält in Notfällen eine Fahrtzeit von 30 Minuten für angemessen. Das Gremium bezieht den Richtwert auf Erwachsene. Kinder bedürfen in vielen Fällen einer schnelleren Versorgung, die in Parchim seit Monaten nicht gewährleistet ist. Wie viele Kinderkliniken genau in den vergangenen Jahren geschlossen wurden, wird nicht statistisch erfasst. Eine andere Zahl zeigt jedoch, wohin es führt, wenn nach dem Fallpauschalensystem wichtige Behandlungen unrentabel sind: 48 Prozent der deutschen Krankenhäuser mit einer Geburtsstation haben Probleme, offene Stellen zu besetzen.[18] Gleichzeitig fehlen ihnen die finanziellen Mittel: Zwei Drittel aller Geburtsstationen schreiben nach dem aktuellen System rote Zahlen.[19] Auch immer mehr Kreißsäle werden abgebaut, wie der Picker Report zeigt: 1991 gab es noch fast 1200, im Jahr 2004 noch 952 und heute nur noch 709 – und

das, obwohl die Zahl der Geburten seit 2011 wieder kontinuierlich steigt.[20] Der Bedarf wächst also, und trotzdem werden Kreißsäle oder ganze Geburtsstationen bundesweit geschlossen, weil es sich finanziell nicht lohnt. Gleichzeitig ist ein Hebammenmangel zu beobachten, wie ein Gutachten des Bundesgesundheitsministeriums zeigt. Mehr als ein Drittel der befragten Geburtskliniken gab an, dass sie im Jahr 2018 mindestens in einem Fall Schwangere mit Wehentätigkeiten wegen Kapazitätsengpässen abweisen mussten. Bundesweit war das bei mindestens 4400 Geburten der Fall.[21] Das Fehlen von Geburtsstationen und Hebammen führt letztendlich dazu, dass die Elterninitiative Mother Hood inzwischen für viele Regionen Deutschlands eine Reisewarnung für Schwangere ausgesprochen hat.

Neben Kinderkliniken und Geburtsstationen sind vor allem kleine Häuser von der Schließungswelle betroffen, weshalb es in der Versorgung große Unterschiede zwischen Stadt und Land gibt. So erging es dem Klinikum Havelberg, das im Jahr 2020 schließen musste. Dort kämpft Sandra Braun seit Jahren für den Erhalt der Klinik. Braun hat in der Klinik 38 Jahre lang Menschen gesund gepflegt. Sie hat Demonstrationen organisiert, Petitionen gestartet und mit Medien gesprochen. Trotzdem wurde das Klinikum mitten in der Pandemie geschlossen, obwohl noch im Jahr 2016 eine neue Intensivstation gebaut worden war. Früher gehörte das Havelberger

Krankenhaus dem Landkreis, er verkaufte es aber an den privaten Betreiber KMG. Das Unternehmen betreibt ein Dutzend Kliniken in Ostdeutschland. Es wurde nach der Wiedervereinigung gegründet, im Jahr 2019 machte die KMG rund 400 Millionen Euro Umsatz. Obwohl die neue Intensivstation erst kürzlich in Betrieb genommen wurde, rechnete es sich für den Betreiber mehr, die Klinik zu schließen und die staatlichen Fördergelder dafür zu erhalten. Das lange verfolgte Ziel der Zentralisierung – in Havelberg, München und Parchim ist es vollzogen, viele Hunderte andere Kliniken könnten folgen. Denn egal ob staatlich oder privat betrieben: Kleine Kliniken, vor allem auf dem Land, lohnen sich nicht. Manche von ihnen wurden kurz vor der Schließung in der Pandemie umfunktioniert, wie beispielsweise das katholische Krankenhaus im saarländischen Lebach. Dort sollten Ende Juli eigentlich keine Patientinnen und Patienten mehr aufgenommen werden, die Landesregierung jedoch forderte den Aufbau einer Corona-Station. Auch in Zweibrücken in Rheinland-Pfalz wurde in der Pandemie eine Klinik wiedereröffnet. In Berlin wurde für 40 Millionen Euro sogar eine neue Klinik in einer großen Messehalle aufgebaut, damit für den Notfall genug Betten zur Verfügung stehen.[22]

Die Coronakrise hat die Schwächen unseres Systems offenbart und eine Debatte über die Finanzierung unserer Krankenhäuser ausgelöst. Eine Debatte darüber, ob es sinnvoll ist, weiterhin Kliniken zu schließen, oder ob es nicht besser ist, Kliniken zu erhalten, wenn es keine andere vergleichbare Versorgung in unmittelbarer Nähe gibt. Wenn sich Fahrwege für Rettungswagen oder Schwangere verlängern, ist die Versorgung gefährdet. Wenn erneut eine Pandemie das Land erreicht – und Expertinnen und Experten gehen davon aus, dass sich Epidemien in den kommenden Jahrzehnten häufen werden –, sollten wir vorbereitet sein. Dann wäre es fatal, mit einer geschrumpften Kliniklandschaft diese Lage kontrollieren zu müssen.[23] Eine drastische Reduzierung der Kliniken kann massive Folgen haben – mit und ohne Pandemie. Gesundheitsminister Jens Spahn hat jedoch einen anderen Fokus gelegt, als er im September 2020 sein Krankenhaus-Zukunftsgesetz vorstellte. Drei Milliarden Euro will der Minister den Kliniken zur Verfügung stellen – vor allem für Projekte der Digitalisierung. Die Deutsche Krankenhausgesellschaft und der Bundesrechnungshof zweifelten bereits nach der Präsentation der Pläne daran, dass diese Initiative ihren großen Namen wert ist, und kritisierten den Minister prompt.[24] Außerdem mehrt sich Widerstand gegen das bisherige Finanzierungsprinzip. Über 150000 Menschen haben im Jahr 2020 eine Petition unterschrieben, die die Abschaffung der Fallpauschalen fordert. Die gleiche Zahl an Menschen unterstützt einen Aufruf, der die

Schließung von weiteren Kliniken stoppen will.[25] Der regierende Koalitionspartner SPD scheint darin nun ein Thema erkannt zu haben. Arbeitsminister Hubertus Heil sprach in einem Interview mit der *Rheinischen Post* davon, dass »Krankenhäuser kaputtgespart« worden seien.[26] Seine Parteivorsitzende Saskia Esken forderte: »Spätestens mit dieser Pandemie muss nun jedem klar sein, wie abwegig es ist, unser Gesundheitssystem vorrangig auf Effizienz und Rentabilität zu trimmen.« Sie sprach sich außerdem klar gegen Fallpauschalen aus und redete von einem »Irrweg, den wir nach der Coronakrise gründlich überdenken müssen«.[27]

Kapitel 3

Die Krise als Dauerzustand

2020 sollte das Jahr der Pflege werden. Die Weltgesundheitsorganisation WHO zumindest rief weltweit dazu auf, Gesundheitsberufe besonders in den Fokus zu nehmen, ihre Arbeitsbedingungen zu verbessern und sicherzustellen, dass es auch in Zukunft noch genug Menschen gibt, die in der Pflege arbeiten werden.[1] Anlass sollte der 12. Mai sein, der Tag, an dem Florence Nightingale vor 200 Jahren geboren wurde. Nightingale gilt als die Pionierin und Begründerin der modernen Krankenpflege. Im 19. Jahrhundert leitete sie eine Gruppe von Pflegenden, die in einem Militärkrankenhaus verwundete britische Soldaten behandelte. Nightingale trat stets dafür ein, dass es neben dem ärztlichen auch ein eigenständiges pflegerisches Wissen geben sollte. Sie entwickelte die erste Pflegetheorie, die heute als das Fundament der Krankenpflege gilt und viele Gesundheitsreformen beeinflusst hat. Ihre Geschichte sollte im Jahr 2020 zum Anlass genommen werden, über Pflegeberufe zu sprechen.[2] Dann kam Corona, und mit der Pandemie standen Pflegende so sehr im Fokus wie nie – gleichzeitig sahen sie sich aber mit einem drastisch erhöhten Druck konfrontiert. Personalschlüssel wurden ausgesetzt, Arbeitszeitregelungen hintangestellt, teilweise musste selbst infiziertes Pflegepersonal weiterarbeiten, um den Betrieb am Laufen zu halten.

Am Anfang der Pandemie sprach ich mit der Intensivpflegerin Melanie Becker, die eigentlich anders heißt und in einem großen deutschen Klinikum italienische Corona-Patienten behandelte.[3] Sie berichtete mir, dass es sie zwar freue, dass ihr Beruf mehr Aufmerksamkeit bekommen würde. Gleichzeitig spürte sie aber von der Anerkennung wenig: »Im Gegenteil. Meine Arbeitsbelastung ist enorm gestiegen. Ich habe kaum noch Zeit für meine Patienten, bin ständig gehetzt und mit den Gedanken bei Corona.« Viel Zeit sei dafür draufgegangen, die Schutzkleidung zu wechseln, von der es damals noch zu wenig gab. Auch berichtete mir die Pflegefachkraft von Mehrarbeit, weil ihr Schichtsystem wegen Corona umgestellt wurde, damit die Pflegenden länger am Stück im Dienst sein konnten. »Die Ansage der Krankenhausleitung ist, dass wir auch nach einem positiven Test Corona-Patienten weiter pflegen sollen, wenn wir keine starken Symptome spüren«, sagte Becker. Im Jahr der Pflege gerieten die Pflegenden vielerorts an ihre Grenzen. Und auch wenn geklatscht und gedankt wurde, bei Melanie Becker kam nichts davon an. »Gestern wollte ich nach der Arbeit in den einzigen großen Supermarkt in der Nähe meines Heimatortes gehen. Nach nur wenigen Minuten da drin beschwerte sich eine Kundin«, erzählte Becker. Sie hatte sie erkannt und wusste, dass sie in dem großen Klinikum angestellt war. Die Frau informierte den Sicherheitsdienst, weil sie italienische Patientinnen und Patienten betreute und eine Gefahr darstelle. »Ich war sprachlos. Minuten später umzingelte mich die Security und begleitete mich aus dem Laden heraus.« Gleichzeitig berichteten Medien in Frankreich, dass Pflegende von Nachbarn bedroht und zum Umzug aufgefordert wurden. In Köln wurde einem Altenpfleger der Zutritt zu einem Supermarkt verwehrt. Solche Geschichten waren ebenfalls Teil der Krise. Und die Anerkennung, die Pflegenden zuteilwurde, änderte wenig, wie die Geschichte von Nina Böhmer zeigt. Im Frühjahr 2020 ging einer ihrer Facebook-Posts viral. Auch mit ihr sprach ich, kurz nachdem sich die Pflegefachkraft in den sozialen Medien empörte. 70 000 Mal wurden ihre Worte, mit denen sie sich über die verfehlte Pflegepolitik ärgerte, geteilt. »Bis vor Kurzem war ich unsichtbar, kaum jemand hat über meinen Beruf gesprochen«, sagte Böhmer.[4] Sie sei froh, dass man nun von ihnen als systemrelevant sprechen würde. »Und doch fühle ich mich alleingelassen. Kaufen kann ich mir von alldem nichts.« Dann erzählte Böhmer mir davon, wie alles, für das sie sich in den vergangenen

Jahren eingesetzt hatte, ausgesetzt wurde: Personal-untergrenzen, Ruhezeiten, Überstundenregelungen. »In der Krise ist plötzlich egal, wenn eine Pflegefach-person alleine für 40 Patienten zuständig ist«, sagte Böhmer. Unser Gespräch endete mit ihrem Wunsch: »Bleibt nur zu hoffen, dass wir auch nach der Krise nicht vergessen werden. Dann ist die Zeit gekom-men, um die Danksagungen in wirkliche Verbes-serungen zu übersetzen.«

Pflegefachkräfte hatten im Jahr 2020 so viel zu tun wie seit dem Zweiten Weltkrieg nicht mehr. Sie haben Corona-Patienten gepflegt, in Senioren-heimen die Risikogruppe betreut und sich nicht nur verausgabt, sondern sich besonders oft auch selbst infiziert. Alleine in Deutschland sind im ersten Jahr der Pandemie mehr als 75 000 Menschen in Gesund-heitsberufen an Corona erkrankt, 2200 mussten ins Krankenhaus, mehr als 130 sind gestorben.[5] Über-all im Land sind Pflegende an ihre Belastungsgrenze gegangen und haben trotz des Infektionsrisikos Er-krankte umsorgt. In Seniorenheimen, in denen prak-tisch jeder Bewohner und jede Bewohnerin zur Ri-sikogruppe gehörte, in mobilen Pflegediensten, auf Corona-Stationen, aber auch in Rehakliniken oder Tagespflegen und Einrichtungen für Menschen mit Behinderungen.

Doch sie werden jeden Tag gebraucht, nicht nur während einer Pandemie, sie erhalten das System

aufrecht, in jeder Schicht, wenn auch oft unsichtbar.
Und die Pflegekrise ist für sie seit Jahren ein Dauer-
zustand. Ihre Arbeitsbedingungen sind hart, vor
allem in Deutschland. Nirgends in den anderen In-
dustrienationen ist der Personalschlüssel so schlecht
besetzt wie hierzulande. Während in Deutschland
eine Pflegefachperson 13 Menschen pro Schicht
pflegen muss, sind es in den USA 5,3, in Norwegen
5,7 und in den Niederlanden sieben Patientinnen
und Patienten.[6] Ähnlich sieht es in der Altenpflege
aus, in der es in Deutschland nur unzureichende
Personalschlüssel gibt. Das führt dauerhaft zu einer
enormen physischen und psychischen Belastung, die
sich schon daran zeigt, dass Pflegende überdurchschnittlich oft selbst krank werden. In den der Pandemie vorausgehenden Jahren waren 8,7 Prozent
aller Hilfskräfte und 7,2 Prozent der Fachkräfte in
der Pflege krankgeschrieben. In anderen Berufen lag
der Krankenstand bei fünf Prozent.[7] Während ein
Arbeitnehmer im Schnitt 13,3 Krankheitstage pro
Jahr hat, an denen er eine Arbeitsunfähigkeitsbe-
scheinigung einreicht, sind es in der Pflege 18,6 Tage.
Hilfskräfte waren sogar im Schnitt 20,2 Tage im
Jahr krank. Zudem müssen Pflegefachkräfte häufiger und länger im Krankenhaus behandelt werden
als andere Erwerbstätige. Oft aufgrund von psychischen Problemen sowie Muskel-Skelett-Erkran-
kungen. Beschäftigte in der Altenpflege haben dem
Barmer-Report zufolge 80 bis 90 Prozent mehr Fehl-

tage aufgrund von Depressionen als Erwerbstätige in anderen Berufen. Rückenschmerzen verursachten bei Fachkräften in der Altenpflege knapp 96 Prozent und bei Hilfskräften etwa 180 Prozent mehr Fehltage als in anderen Berufen.[8] Ähnlich sieht es aus, wenn man die Verschreibung von Schmerzmitteln und Antidepressiva betrachtet. Wie der Pflegereport 2020 zeigt, wird keiner Berufsgruppe mehr davon verordnet. Bei Opioiden ist die Verschreibung beim Pflegepersonal um bis zu 131 Prozent erhöht. Bei Antidepressiva liegt sie um bis zu 50 Prozent über dem Schnitt anderer Berufe.[9]

In der Pflege zu arbeiten ist sowohl körperlich als auch mental belastend, viele Pflegefachkräfte halten das dauerhaft nicht aus. Das zeigt sich unter anderem daran, dass die Mehrheit der Pflegenden keine Vollzeitstelle hat. In stationären Bereichen arbeiten 63 Prozent der Angestellten in Teilzeit, in der Ambulanz trifft das sogar auf 69 Prozent der Beschäftigten zu. Die Gründe dafür sind klar: eine hohe Arbeitsbelastung, mehr Arbeitsverdichtung, keine mit der Kinderbetreuung zu vereinbarenden Arbeitszeiten und Dienstpläne, die es vor allem Eltern schwer machen.[10] Unter den aktuellen Arbeitsbedingungen kann sich nur jede achte Teilzeitkraft laut einer Umfrage des Deutschen Berufsverbands für Pflegeberufe eine Aufstockung ihrer Arbeitszeit vorstellen. Und das, obwohl sie darum gebeten werden: 40,3 Prozent der befragten Teilzeitkräfte gab an, schon mal von Vorgesetzten das Angebot erhalten zu haben, aufzustocken.[11] Nur machbar scheint das für viele nicht, denn der Druck steigt. Vor einigen Jahren hatten noch mehr als doppelt so viele Teilzeitkräfte angegeben, sich eine Erhöhung ihrer Wochenstunden vorstellen zu können.

Es gibt außerdem nicht nur jenes Pflegepersonal, das weniger als Vollzeit arbeitet, sondern auch viele, die früher in Rente gehen. Einer Umfrage des Deutschen Roten Kreuzes zufolge wollen 28 Prozent der Pflegenden ihren Beruf nicht mehr bis zum Renteneintrittsalter ausüben. Viele schaffen es körperlich nicht, einige geben ihren Beruf deshalb schon früh wieder auf. In der Pflegebranche hat sich mit »Pflexit« mittlerweile ein eigener Begriff dafür durchgesetzt. In den vergangenen 25 Jahren wurden in Deutschland rund 625 000 Pflegefachkräfte ausgebildet. Davon haben aber schätzungsweise 335 000 den Beruf wieder verlassen, wie eine Studie des Pflegebeauftragten der Bundesregierung zeigt.[12] Und mehr als die Hälfte des Pflegepersonals in Deutschland denkt aufgrund der aktuellen Arbeitsbedingungen über den eigenen Pflexit nach. In einer Umfrage unter Aussteigern geben drei Viertel der Befragten an, dass der »permanente Personalmangel« der Hauptgrund für ihre Unzufriedenheit sei. Auf Platz zwei folgt die »generell hohe Arbeitsbelastung«. Nochmals den gleichen Beruf wählen würden lediglich 35 Prozent aller Pflegefachkräfte.[13]

Auch während der Pandemie zeigte eine Umfrage des Deutschen Berufsverbands für Pflegeberufe, dass ein Drittel der Pflegefachkräfte nach der Krise aus dem Beruf aussteigen wird oder es zumindest in Erwägung zieht.[14] Und das, obwohl sie dringender gebraucht wurden denn je. Das sind deutliche Alarmzeichen für ein scheiterndes System.

Neben der Arbeitsbelastung sind auch die vergleichsweise niedrigen Löhne in der Pflege ein Grund dafür, dass Deutschland laut der Next-Studie das unzufriedenste Pflegepersonal Europas hat. Denn ja, auch Geld trägt einen Teil dazu bei, ob man sich wertgeschätzt und anerkannt fühlt, vor allem in unserem Wirtschaftssystem. In der Krankenpflege verdienen Vollzeit-Angestellte im Durchschnitt 3239 Euro im Monat, in der Altenpflege 2621 Euro. Hilfskräfte verdienen in der Krankenpflege nur 2478 Euro und in der Altenpflege 1870 Euro. Zum Vergleich: Das Durchschnittsgehalt der in Vollzeit Arbeitenden liegt in Deutschland bei 3994 Euro brutto.[15]

Im Jahr 2017 war das bereits Thema im Wahlkampf, damals sprach die junge Pflegefachkraft Alexander Jorde Kanzlerin Merkel in einer Fernsehsendung darauf an. Er erzählte vom Notstand und von der rasant steigenden Zahl an Pflegebedürftigen und sagte: »Das wird eine Katastrophe werden in den Krankenhäusern und Pflegeheimen.«[16] Merkel versprach, den Beruf attraktiver zu machen und sich für eine bessere Bezahlung einzusetzen. Eine Pandemie später zeigt sich: Für die Pflegenden hat sich wenig gebessert. Das Fazit der Pflegepolitik ist durchwachsen, eine Politik mit Fortschritten und vielen Aber-Sätzen. Zwar starteten Gesundheitsminister Jens Spahn, Arbeitsminister Hubertus Heil und Familienministerin Franziska Giffey im Juli 2018 die »Konzertierte Aktion Pflege«, ein Sonderprogramm für Pflegende, eine Reform, die etwas verändern sollte. Ziel sollte es sein, die Arbeitsbedingungen in der Pflege zu verbessern.[17] Deshalb will die Bundesregierung neue Stellen schaffen und das über Beiträge der Pflegeversicherung finanzieren. Die Eigenanteile sollen dabei nicht steigen, nur Menschen ohne Kinder sollen 0,1 Prozentpunkte mehr bezahlen. Das Geld soll auch in die Anwerbung von Pflegepersonal aus dem Ausland investiert werden. Gesundheitsminister Spahn ist dazu medienwirksam in verschiedene Länder gereist, um für die Pflege in Deutschland zu werben. Er ließ sich von Kameras begleiten, als er eine Pflegeschule im Ausland eröffnete oder mit einem Billigflieger in den Kosovo reiste. Aber eine nennenswerte Zahl an Pflegefachkräften konnte bisher nicht geworben werden.[18] Auch die Löhne sollten steigen, dazu wurden die Tarife im öffentlichen Dienst erhöht – für Pflegende um 8,7 Prozent. Aber das hilft nur einem Bruchteil der insgesamt 1,7 Millionen Pflegefachkräfte: Nur 200 000 von ihnen profitieren, der Rest arbeitet bei privaten oder kirchlichen Trägern und ist nicht in dem Tarifvertrag erfasst.[19] Zwar steigt auch der Mindestlohn für Pflegefachkräfte auf 15 Euro und für Hilfskräfte auf 12,55 Euro.[20] Aber ein solcher Verdienst macht aus der Pflege keinen attraktiven Beruf. Was es bräuchte, vor allem in der Altenpflege, wären flächendeckende Tarifverträge. Daran ist die Politik bisher allerdings gescheitert. Die Minister Jens Spahn und Hubertus Heil sprachen sich öffentlich dafür aus und brachten ein Gesetz auf den Weg, das einen allgemeingültigen Tarifvertrag für die ganze Branche ermöglichen sollte. 2020 handelte die Gewerkschaft ver.di erstmals in der Geschichte der Bundesrepublik mit der Bundesvereinigung der Arbeitgeber in der Pflegebranche BVAP einen solchen Vertrag aus. Damit der Vertrag mit Lohnerhöhungen von bis zu 25 Prozent aber für die ganze Branche mit 1,2 Millionen Altenpflegefachkräften gelten kann, hätte auch der kirchliche Träger Caritas zustimmen müssen. Doch Ende Februar 2021 lehnte die Arbeitsrechtliche Kommission der Caritas den Tarifvertrag überraschend ab, das Vorhaben scheiterte.[21] Kurz danach interviewte ich den Caritas-Präsidenten Peter Neher, der die Entscheidung der Kommission zwar bedauerte, aber nicht rückgängig machen wollte.[22] Hubertus Heil drückte nach dem Scheitern des Tarifvertrags in einem Interview mit mir ebenso sein Bedauern aus und forderte wiederum seinen Kollegen Jens Spahn dazu auf, ein neues Gesetz auf den Weg zu bringen, um immerhin Tarifverträge in der Pflege zur Pflicht zu machen – wenn auch nicht einheitlich für die gesamte Branche. Noch vor der Sommerpause beschloss die Koalition genau diesen Weg. Ab September 2022 bekommen Pflegeheime und Pflegedienste nur eine Zulassung, wenn sie Tariflöhne zahlen. Ein wichtiger Schritt, der aber auch nur zu geringen Lohnsteigerungen führen wird. Denn viele Tarifverträge beinhalten deutlich geringere Löhne als es der bundeseinheitliche Tarifvertrag vorgeschrieben hätte.[23] Wie schwer es ist, Veränderungen in der Pflege zu bewirken, hat auch die Debatte um den sogenannten Pflegebonus von Finanzminister Olaf Scholz verdeutlicht. Als Dank für den Einsatz der Pflegefachkräfte in der Coronakrise ermöglichte der Minister eine steuerfreie Einmalzahlung von bis zu 1500 Euro. Der Bonus galt jedoch nur für die Altenpflege, nicht aber für das Pflegepersonal im Krankenhaus. Erst nach Kritik verabschiedete die Regierung auch einen Bonus von 1000 Euro für Intensivpfleger, die Beatmungsgeräte bedienten und Corona-Patienten behandelten. Doch nur jede vierte Klinik konnte den Betrag auszahlen, die Kriterien waren zu streng gefasst. Nur Kliniken mit mehr als 500 Betten und mindestens 50 Corona-Patienten bis Ende Mai erhielten den Bonus. Ein Flickenteppich, der für Unmut sorgte.[24] 1,7 Millionen Beschäftigte gab es laut Bundesagentur für Arbeit im Jahr 2020 in der Alten- und Krankenpflege, eine Einmalzahlung von 1500 Euro für all diese Menschen hätte den Bund knapp 2,55 Milliarden Euro gekostet. Das Rettungspaket der Lufthansa kostete neun Milliarden Euro.[25]

Viel mehr noch als eine bessere Bezahlung wünschen sich Pflegefachkräfte bessere Arbeitsbedingungen und deshalb mehr Personal. Auch hier hat die Bundesregierung viel versprochen. Zwar wollte Jens Spahn 13 000 neue Pflegestellen schaffen, aber nicht mal 3000 davon konnten besetzt werden.[26] Selbst wenn das Geld für neue Stellen vorhanden ist, fehlt es an Pflegefachkräften, es mangelt an Nachwuchs. Denn es schließen zwar neuerdings wieder mehr junge Menschen eine Ausbildung in der Pflege ab, aber das reicht längst nicht, um die offenen Stellen zu besetzen und diejenigen zu ersetzen, die den Beruf gerade verlassen. Die Bemühungen rund um die neue generalistische Pflegeausbildung werden sich erst spät auszahlen. Bisher musste man sich bereits vor der Ausbildung entscheiden, ob man Altenpfleger oder Krankenpflegerin werden will, Praxiserfahrungen hat man ebenfalls nur in diesem Bereich gesammelt – und dafür auch meistens Schulgeld bezahlt. Das entfällt jetzt und wurde durch eine Ausbildungsvergütung ersetzt. Dafür hat die Regierung kräftig geworben und eine Kampagne ins Leben gerufen. Das Familienministerium startete eine Miniserie namens *Ehrenpflegas*. Folge 1: Boris betritt seine neue Berufsschule und sagt: »Ich chill dann mit

Alten und Kranken oder so. Denk ich mal.« Später ist er ganz beeindruckt, weil eine seiner Mitschülerinnen ein eigenes Auto hat.» Wie das?«, fragt Boris. »Von der AVGÜ«, sagt die Mitschülerin und meint die Ausbildungsvergütung von knapp 1000 brutto. »Was? So viel kriege ich ja noch nicht mal, wenn ich 200 E-Zigaretten verkaufe«, sagt Boris. Echte Pflegefachkräfte kommen nicht zu Wort, der Beruf spielt eigentlich keine Rolle. Ein konfuses Werk von den Machern von *Fack ju Göhte*. 700 000 Euro soll die Kampagne gekostet haben. »Unsere Mitglieder empfinden die Serie als Verletzung«, sagte Christel Bienstein, Präsidentin des Deutschen Berufsverbandes für Pflegeberufe.[27] Die Pflege würde in der Serie dargestellt, als sei das ein Beruf für all jene, die nichts Besseres finden. Noch mehr störe sie aber, dass sich die Arbeitsbedingungen für das Pflegepersonal nicht wirklich verbessern, dabei sei das doch der wichtigste Punkt, um Menschen für den Beruf zu begeistern oder sie zu halten.

Kapitel 4

Zu Hause leben, zu Hause sterben

Die überwiegende Mehrheit der Deutschen bevorzugt, das zeigen Studien, auch ihren letzten Lebensabschnitt zu Hause zu verbringen. 60 Prozent der Bevölkerung möchten in den eigenen vier Wänden sterben, wie eine Umfrage der Krankenkasse DAK zeigt.[1] Die Pflege durch Angehörige und ambulante Dienste, von Hilfsangeboten über Pflegedienste bis hin zu mobilen Sterbehelfern, wird immer wichtiger. Schon heute werden laut dem Zentrum für Qualität in der Pflege rund 4,7 Millionen Menschen in Deutschland von ihren Angehörigen gepflegt, zum Teil mit der Unterstützung ambulanter Dienste.[2] Hinzu kommen 300 000 Pflegefachkräfte, meist aus Osteuropa, die in deutschen Haushalten pflegen und dort oft auch leben. Insgesamt werden damit mehr als 70 Prozent der Pflegebedürftigen im eigenen Zuhause gepflegt.[3] Doch das wird in der öffentlichen Wahrnehmung, auch in den Debatten zur Pflege in der Coronakrise, oft vergessen, pflegende Angehörige spielen selten eine Rolle.

Im November 2020 saß ich in der Küche des Ehepaars Wertens in Düsseldorf.[4] Dort erzählte mir Hans-Jürgen Wertens vom ersten Treffen mit seiner späteren Ehefrau, von ihrer Hochzeit, den beiden Söhnen, dem Umzug, der Diagnose. Er zeigte mir ein Foto seiner Frau, auf dem sie jung und blond am Strand liegt. Maria Wertens schaute ihn währenddessen an, lächelte und sang: »Hänschen klein ging allein in die weite Welt hinein, Stock und Hut steh'n ihm gut.« Dann sang sie es nochmal. Und nochmal. Auch noch Stunden später sang sie, als er in der Küche ihrer Wohnung in Düsseldorf von Krankenkassen und Inkontinenzhosen sprach. Seine 76-jährige Frau leidet an Demenz, einer Krankheit, bei der Nervenzellen im Gehirn unumkehrbar zerstört werden. Für Maria Wertens gibt es weder Gestern noch Heute oder Morgen. Schrittweise vergaß sie über die Jahre alles, wurde zum Pflegefall. Heute kann sie sich weder selbst anziehen noch alleine essen, beides würde sie ohne ihren Mann vergessen. Sie kann keine Schuhe mehr binden und trägt deshalb welche ohne Schnürsenkel. Sie kann auch keine zusammenhängenden Sätze mehr sagen, nur singen.

Alles fing vor zehn Jahren mit einer Fernbedienung an. Er wollte mit seiner Frau einen Krimi im Fernsehen schauen, doch die Sender waren verstellt, die Fernbedienung war weg. Stunden später tauchte sie unter der Couch auf, ein weiteres Mal in der Schublade mit dem Besteck. Maria Wertens vergaß außerdem Telefonnummern und Adressen von Freunden oder Termine. Da ahnte er, dass etwas nicht stimmte, scheute sich aber, es auszusprechen. Ein paar Wochen später konnte er es nicht mehr verdrängen und machte einen Termin in der Klinik. Das war im Februar 2011. Diagnose Demenz. So geht es vielen Menschen in Deutschland. Bereits mehr als 1,6 Millionen Menschen leiden an Demenz, 300000 erkranken jedes Jahr daran. Das Bundesministerium für Bildung und Forschung geht davon aus, dass im Jahre 2050 mehr als drei Millionen Menschen in Deutschland dement sein könnten.[5] Und auch wenn eine Demenz unterschiedlich schwer verlaufen kann, werden die meisten erkrankten Menschen langfristig zu einem Pflegefall, wie Maria Wertens. Ihr Mann will sie bis zu ihrem letzten gemeinsamen Moment zu Hause pflegen, hat sich deshalb von der örtlichen Caritas zum ehrenamtlichen Demenzbegleiter ausbilden lassen. In Düsseldorf erzählte er mir von seinen Praktika in Pflegeheimen, wirkte dabei aufgelöst. Er erinnerte sich an kalte, unpersönliche Räume und an den beißenden Geruch auf den Gängen, ein Gemisch aus Schweiß, Desinfektionsmittel und vollen Windeln. Er berichtete mir von gehetzten Angestellten, die kaum Zeit für die zu Pflegenden haben. Von einer alten Frau, die regungslos im Flur saß und an die Decke starrte. »Dort angekommen, geht es nur noch abwärts«, sagte Wertens. In diesen Heimen fand er die Aufgabe seines zweiten Lebens:

Alles dafür tun, damit seine Maria dort niemals einziehen muss. Nicht weil die Angestellten nicht alles dafür tun würden, ein menschenwürdiges Altern zu ermöglichen, sondern weil das die Bedingungen oft nicht mehr hergeben. Wertens, ein gelernter Ingenieur, baute also ihre Wohnung um, tauschte ihr Bett gegen ein höhenverstellbares. Er legte die Messer aufs hohe Regal, installierte eine Herdsicherung, weil viele Demenzkranke vergessen, die Platte auszustellen. Er ließ die zwei Bäder der Wohnung zu einem großen umbauen, mit ebenerdiger Dusche, rutschfestem Boden und Haltegriffen an den Wänden.

Wertens hat sich ein klares Ziel gesetzt: Seiner dementen Frau ein lebenswürdiges Altern zu ermöglichen. Deshalb war er mit ihr beim Musikunterricht, begleitete sie, wie sie im hohen Alter das Reiten wiederentdeckte, ging mit ihr zur Gesangsgruppe und in die Kirche. Zweimal im Jahr fliegt er bis heute mit ihr in Urlaub, sie trägt dann eine gelbe Karte an einer Kette um ihren Hals, auf der in mehreren Sprachen steht: »Ich bin an Demenz erkrankt. Wenn ich alleine unterwegs bin, kontaktieren Sie bitte meinen Mann.« Darunter stehen seine Handynummer und die Adresse der Unterkunft. Wertens war mit ihr schon auf Malta, in Zypern, Kroatien, Griechenland und in einer Ferienwohnung auf Madeira. »Wir sollten uns fragen, was lebenswert eigentlich bedeutet«, sagte Wertens. »Wer lebt wirklich? Derjenige, der an die Vergangenheit denkt und von der Zukunft schwärmt? Oder derjenige, der das nicht kann und die pure Gegenwart erlebt?« Ich war zutiefst beeindruckt von dieser Haltung, die zeigt, dass Pflege in den eigenen vier Wänden mehr bedeutet, als einfach nur da zu sein. Sie ist ein unsichtbarer Vollzeitjob.

Ganz alleine schafft es Wertens aber nicht, seine Frau zu pflegen. Immerhin ist er 77 Jahre alt. In Düsseldorf lernte ich deshalb eine junge Frau kennen, die zweimal in der Woche für drei Stunden bei der Familie ist, mit ihnen kocht, Maria Wertens wäscht und mit ihr im Park spazieren geht. Wertens bezahlt sie vom Pflegegeld, das er bekommt, es reicht auch noch für drei weitere Hilfskräfte, die an anderen Tagen da sind. Wertens sagte mir, dass er gut mit den 901 Euro monatlich und den beiden Renten zurechtkommen würde, dass er aber lange für das Pflegegeld gestritten habe. Immer wieder musste er mit den Behörden diskutieren, jede Kleinigkeit beantragen. Ich erinnere mich noch gut an sein Arbeitszimmer, das einer Anwaltskanzlei glich. Überall standen Ordner, es stapelten sich Briefe, Widerrufsschreiben, Bewilligungen. »Ich hätte so gerne mal einen leeren Schreibtisch«, sagte Wertens. Das sei aber unmöglich, als pflegender Angehöriger sei man zugleich auch Anwalt. Wie Hans-Jürgen Wertens geht es vielen pflegenden Angehörigen in Deutschland. Sie fühlen sich alleingelassen. Vor allem die Coronakrise war eine enorme Belastung für sie, insbesondere in den Monaten, in denen Tagespflegen geschlossen und Therapien ausgefallen sind. Im ersten Shutdown, im März, erfuhr ich von der Geschichte von Sabine Carstens und ihrer Mutter. Die 79-Jährige sei manchmal »hilflos wie ein Baby«. Trotzdem wollte Sabine Carstens ihre Mutter selbst pflegen und nicht in ein Heim geben. Eigentlich arbeitet sie als Krankenpflegerin in einer Psychiatrie, sie galt als systemrelevant, liebte ihren Job und wollte in der Krise gern helfen. Doch ohne ihre Hilfe würde sich ihre Mutter nicht mehr zurechtfinden. Sie würde nicht mehr den Fernseher anschalten, nicht mehr telefonieren, sie würde nicht einmal mehr essen, trinken oder morgens aufstehen. Weil die Tagespflege nun als Unterstützung entfiel, musste Carstens ihren Jahresurlaub und die staatliche Pflegezeit aufbrauchen. Ähnlich erging es Franziska Fischer, die eigentlich anders heißt und mir erzählte, wie alleingelassen sie sich fühlte.[6] Sie pflegt ihren fünfjährigen Sohn Nils, der im Rollstuhl sitzt. Er ist infolge einer Hirnhautentzündung schwerbehindert. Er kann weder essen noch allein trinken und spricht mit den Augen. Wenn er etwas sagen will, wählt er mit den Pupillen Begriffe auf einem Bildschirm aus, die ein Computer dann elektronisch vorliest. Ihn zu pflegen ist ein Vollzeitjob, der nur durch die Kindertagesstätte entlastet wird. Dort hat Nils eine Sozialpädagogin, die ihm zur Seite steht. Das Sozialamt hat der Familie pro Woche 30 Stunden Unterstützung bewilligt. Solange die Kita geschlossen war, durfte die Sozialpädagogin der Familie allerdings nicht helfen. »Bei uns zu Hause wäre sie nicht versichert«, sagte mir Fischer. Vorschriften wie diese erschweren den Alltag pflegender Angehöriger. Und zwar sowohl den der Eltern, die ihre Kinder pflegen, als auch den der Kinder, die ihre Eltern pflegen.

Lange vor der Pandemie, ich war gerade auf der Deutschen Journalistenschule in München, lernte ich die 14-jährige Lana Rebhan kennen. Sie ist eine von hierzulande 480 000 sogenannten Young Carers, also Jugendlichen, die ein Elternteil pflegen.[7] Seit ihrem achten Lebensjahr muss sie sich um ihren chronisch kranken Vater kümmern. Er leidet an einer unheilbaren Nierenerkrankung, Ärztinnen sprechen von chronischen Zystennieren. Seine Nieren quellen schwammartig auf. Eine gesunde Niere hat ein Gewicht von 200 Gramm. Die von Lanas Vater wiegt das 20-Fache. Die Aussichten stehen schlecht: Im Jahr 2012 sagten ihm die Ärzte, dass er nicht mehr lange leben würde. Doch wie durch ein Wunder lebte er weiter, auch dank der Hilfe seiner Tochter. Sie pflegt, sie putzt, sie packt ihrem Vater die Krankenhaustasche. Morgens muss er zur Dialyse, ihre Mutter zur Arbeit. Kommt Lana von der Schule, sortiert sie die Wäsche, wirft den Staubsauger an und kocht das Mittagessen. Ihr Vater kann sie nur an seinen guten Tagen unterstützen. Die sind selten. Ihre Mutter kommt erst spät nach Hause. Sie hat zwei verschiedene Jobs um die Familie ernähren zu können. Während andere Kinder Serien schauen, Volleyball spielen oder Hausaufgaben machen, muss Lana auf ihren Vater achten. »Notfälle können nicht warten, bis Mama zu Hause ist«, sagte Lana. Erst ab acht Uhr abends habe sie dann Zeit für sich.

Bis zu ihrem zwölften Lebensjahr haben Kinder wie Lana Anspruch auf eine Haushaltshilfe – vier Wochen lang und nur dann, wenn ein Elternteil im Krankenhaus ist. Darüber hinaus gibt es keine Hilfe, weder von den Krankenkassen noch von der Politik. »In meinem Alltag bekomme ich keine Unterstützung von außen«, berichtete Lana. Sie ging damit an die Öffentlichkeit, im Gegensatz zu den meisten anderen Familien, die nicht über ihre Situation sprechen wollen. Zu groß ist die Scham. Zu groß ist die Angst vor dem Jugendamt. »Je stärker Kinder in die Pflege eingebunden sind, desto unsichtbarer werden sie für uns«, erzählte mir die Pflegewissenschaftlerin Sabine Metzing. Lana hatte es sich zur Aufgabe gemacht, dieses Tabu zu brechen. Sie entwarf eine Homepage, machte ihre Geschichte öffentlich und bloggte über Tipps und Tricks für pflegende Jugendliche. In nur wenigen Monaten meldeten sich unzählige andere pflegende Jugendliche bei ihr. Viele wollten Rat, andere waren nur auf der Suche nach einem offenen Ohr. Um etwas zu bewegen, schickte Lana die vielen Erfahrungsberichte an Politikerinnen und

Politiker. Gregor Gysi, Ursula von der Leyen und Katarina Barley unterstützen seitdem ihre Kampagne. Das Familienministerium hat Lana zu einer Fachtagung eingeladen und eine Telefonhotline für junge Pflegende entwickelt, die sogenannte Pausentaste. Auch wenn Lana Rebhan nach der medialen Aufmerksamkeit in Landtagen sprechen durfte und Preise überreicht bekam, viel hat sich für Young Carer in Deutschland nicht getan. Noch immer gibt es keine flächendeckende staatliche Unterstützung. Es gibt keine regelhafte Leistung für junge Pflegende und ihre Familien. Die Geschichten von Lana Rebhan, Hans-Jürgen Wertens, Franziska Fischer und Sabine Carstens sind verschieden, und doch sind sie alle pflegende Angehörige, die sich alleingelassen fühlen.

Sie sind Teil des größten Pflegediensts Deutschlands und werden als solcher nicht genug unterstützt. 78 Prozent von ihnen gaben in einer repräsentativen Umfrage der Kassenärztlichen Bundesvereinigung an, dass sie sich seelisch stark oder sehr stark belastet fühlen. Fast die Hälfte fühlt sich durch die Pflege körperlich überfordert und leidet gesundheitlich. 30 Prozent sehen sich bei der Suche nach einer Arbeitsstelle benachteiligt, 20 Prozent klagen über eine enorme Arbeitsbelastung – und das bereits vor der Pandemie.[8] Denn viele pflegende Angehörige sind berufstätig, meistens sind es Frauen, ein Fünftel hat zusätzlich minderjährige Kinder im eigenen Haushalt. Darüber hinaus verbringen sie oft mehr Zeit am Schreibtisch als mit der Pflege ihrer Angehörigen, weil sie mit einer enormen Bürokratie zu kämpfen haben. Jeder sechste Erstantrag auf Pflegeleistungen wird hierzulande abgelehnt. Beispielsweise Anträge auf die Versorgung mit Hilfsmitteln, auf Krankengeld oder eine Therapie. Auch der medizinische Dienst lehnt häufig Anträge auf Pflegegrade ab oder stuft Angehörige zu niedrig ein, wodurch die monatliche Unterstützungsleistung niedriger ausfällt. Von etwa 1,21 Millionen Erstanträgen auf Pflegeleistungen im Jahr 2019 wurden 16 Prozent nicht bewilligt.[9] Immer wieder kommt es zu Rechtsstreitigkeiten, 2019 mussten in 142 000 Fällen Widerspruchsgutachten erstellt werden, mit denen sich Betroffene gegen die Entscheidung der Pflegekassen wehrten. Jeder vierte Widerspruch war vor Gericht erfolgreich.[10]

Gleichzeitig gibt es zu wenig Entlastung für pflegende Angehörige, auch wenn die Bundesregierung das im Koalitionsvertrag versprochen hatte. Dort kündigte die große Koalition an, alle Leistungen in einem »jährlichen Entlastungsbudget zusammenzufassen, das flexibel in Anspruch genommen werden kann«.[11] Doch bis heute ist das von pflegenden Angehörigen lange geforderte Mittel nicht umgesetzt. Ähnlich sieht es bei der Kurzzeitpflege aus, dort mangelt es an freien Plätzen, vor allem für junge Betroffene. Zudem sollte es zu einer Entbürokratisierung in der ambulanten Pflege kommen, doch geschehen ist wenig. Kornelia Schmid gab im Jahr 2014 ihren Beruf bei der Bundeswehr auf, um ihren an Multipler Sklerose erkrankten Mann zu pflegen. Heute ist sie die bekannteste Stimme pflegender Angehöriger und hat einen Interessenverband gegründet. In einem Interview mit mir klagte sie über einen »undurchschaubaren Pflege-Dschungel, in dem pflegende Angehörige zum Bittsteller werden«.[12] In der Coronakrise hat sich daran nichts geändert. Dabei sind pflegende Angehörige ein zentraler Baustein, um die Pflegekrise abzuwenden. Wir benötigen eine professionelle Pflege in Kliniken und Heimen, in alternativen Wohnprojekten und mit mobilen Diensten, aber auch Menschen, die ihre Angehörigen zu Hause selbst pflegen können. Und diese müssen besser unterstützt werden, beispielsweise durch Lohnersatzleistungen, höhere Pflegegelder und weniger Bürokratie. Denn nur ein funktionierendes Zusammenspiel der Pflege in Einrichtungen und zu Hause kann dafür sorgen, dass die enorme Zahl an Pflegebedürftigen, die es schon bald geben wird, bewältigt werden kann. Wer die Pflegekrise lösen will, muss dafür sorgen, dass Pflege auch in den eigenen vier Wänden möglich ist.

Kapitel 5

Applaus ist nicht genug – was jetzt geschehen muss

Nie war die Aufmerksamkeit für Pflegepolitik größer als im Jahr 2020. Die Coronakrise hat im Schnelldurchlauf gezeigt, wie ein System an seine Grenzen gelangt. Durch das Virus wurde deutlich, wie überfordert ein System sein kann, und die Krise hat uns eine Vorahnung davon gegeben, wie die Zukunft der Pflege aussehen wird, wenn sich nichts verändert. Ich habe in den vorherigen Kapiteln gezeigt, weshalb es auf Dauer gefährlich ist, wenn Gesundheit ein Geschäft ist, und wie Profite letztendlich das Patientenwohl gefährden. Ich habe verdeutlicht, wie hart die Arbeitsbedingungen in Kliniken und Pflegeheimen sind und weshalb sie sich nur noch weiter verschlechtern werden, wenn nichts Grundlegendes geschieht. Und ich habe beschrieben, wie pflegende Angehörige alleingelassen werden, obwohl sie einen großen Teil der Last tragen. Doch dieses Buch soll keine reine Analyse sein, es soll Denkanstöße liefern und Auswege aufzeigen. Es soll politische Ideen vorstellen und diskutieren. Denn eines hat die Corona-krise auch gezeigt: Applaus verhallt. Das Klatschen symbolisierte anfangs Anerkennung. Schon bald wirkte es aber zynisch, weil sich für die Systemre-levanten nichts verbessert hat. Die kommende Bun-desregierung, wie auch immer sie zusammengesetzt sein wird, könnte das ändern und erste Schritte tun, damit die drohende Pflegekrise abgewendet wird. Dazu braucht es einen Mix aus kleinen und großen Entscheidungen, aus vorhandenen Konzepten und Experimenten, aus Reformen und letztendlich einer echten Pflege-Revolution. Nur gemeinsam können die Konzepte wirken und das System wirklich soli-darisch und zukunftssicher machen.

1. Den Fachkräftemangel lösen

Beginnen möchte ich mit der Frage, wie der Fach-kräftemangel in der Pflege bekämpft werden kann. Ein Weg, um das zu tun, besteht darin, auslän-dische Fachkräfte anzuwerben. Ich erinnere mich noch gut an mein Interview mit Andrea Theuner, Dienstleiterin eines Pflegeheims in Baden-Württem-berg.[1] Mitten in der Pandemie war sie händeringend auf der Suche nach Personal für ihr Pflegeheim mit 36 Betten. Zu diesem Zeitpunkt beschäftigte sie be-reits drei Angestellte aus Rumänien. »Die Kollegen wurden gut in ihrer Heimat ausgebildet«, erzählte mir Theuner. Ihre Abschlüsse werden hierzulande jedoch nicht anerkannt. Deshalb dürfen sie nur als Hilfskraft in dem Pflegeheim angestellt werden. »Die drei leisten wertvolle Arbeit, beherrschen unsere Sprache und könnten noch viel mehr tun, wenn sie anerkannt wären«, sagte Theuner. Für diese Recherche sprach ich auch mit Krankenpflegern und Altenpflegerinnen aus Mexiko, der Ukraine, Kolumbien und Ägypten. Alle lebten in Deutschland, durften aber nicht arbeiten, weil ihre Berufsausbildung oder ihr Studium nicht anerkannt wurden. So zum Beispiel Alma Spahić. Die Gesundheitspflegerin hatte gelernt, wie man ein Beatmungsgerät bedient und Patientinnen in ihren Betten lagert, damit sie sich nicht wund liegen. Erst in ihrer Ausbildung in Sarajevo, dann während ihrer vier Jahre als Pflegende auf einer Intensivstation in Bosnien. Heute lebt sie in Bayern und wartet darauf, dass man sie richtig einsetzt. Statt als vollwertige Fachkraft in einer Klinik zu arbeiten, war sie nur als Hilfskraft angestellt. Ihre Ausbildung zur Gesundheitspflegerin wurde von den Behörden nicht anerkannt. Begründung: Die Ausbildungen seien nicht vergleichbar. »Ich darf keine Beatmung begleiten, keine Medikamente verteilen und auch niemanden spritzen«, sagte Spahić. In Zeiten des Fachkräftemangels ist das eine vertane Chance, in Zeiten der Pandemie ist das fahrlässig. Der Deutsche Pflegeverband berichtete mir von Tausenden ausländischen Fachkräften, die bereits in Deutschland leben, aber deren Ausbildung nicht anerkannt wird. »Diese Fachkräfte sind kompetent und sofort einsetzbar. Stattdessen befinden sie sich in einer Art Praktikantenstatus«, sagte mir Rolf Höfert, Geschäftsführer des Deutschen Pflegeverbands. Er fordert die sofortige Zulassung von ausländischen Kolleginnen und Kollegen mit entsprechender Ausbildung und Sprachkenntnissen. Vor allem für jene Pflegefachpersonen, die bereits in Deutschland leben und als Hilfskraft arbeiten. Es ist absurd, dass Behörden und Ämter dahingehend nicht besser angewiesen sind und es keine Strukturen gibt, um diese Prozesse zu beschleunigen oder angemessen vorzubereiten. Bei meinen Recherchen habe ich mit Menschen gesprochen, die monate- und sogar jahrelang auf die Bearbeitung ihrer Anträge warteten.

Im Dezember 2020 wurde ich auf einen besonders gravierenden Fall aufmerksam gemacht. Eine Pflegefachkraft schrieb mir, um mich auf die Geschichte einer Kollegin hinzuweisen. Die Geschichte von Farah Demir.[2] Vor dem Klinikum in Hannover traf ich die 36-Jährige. Seit ihrem zweiten Lebensjahr ist sie in Deutschland, flüchtete zuvor mit ihrer Familie vor dem Krieg im Libanon. Sie lebten erst in einem Flüchtlingsheim in Niedersachsen und zogen zwei Jahre später in eine Wohnung nach Hameln. Dort ging Farah Demir zur Schule, machte ihr Abitur mit

Bestnote, absolvierte eine Ausbildung zur Gesundheits- und Krankenpflegerin. All das erzählte sie mir nach einer Nachtschicht auf der Corona-Intensivstation. Sie hatte Tränen in den Augen, sah müde aus. Doch nicht weil ihre Schicht so anstrengend war, sondern weil sie ein paar Wochen zuvor einen Brief von der Ausländerbehörde bekommen hatte. Farah Demir sollte abgeschoben werden, weil sie als Staatenlose keinen Pass besaß, den hatte ihr Vater bei der Flucht vor mehr als 30 Jahren gefälscht. Die Behörde drohte ihr, die Duldung Ende des Jahres nicht mehr zu gewähren, in der Folge hätte man sie abschieben müssen. Ihre Kolleginnen und Kollegen wehrten sich, der Personalrat initiierte eine Petition, die mehr als 30 000 Menschen unterschrieben. Zwei Tage nachdem ich den Text veröffentlichte, entschied das Innenministerium, dass Demir in Deutschland bleiben darf und man sie bei der Beschaffung der nötigen Dokumente unterstützen werde. Vielleicht könne sie dann sogar deutsche Staatsbürgerin werden, hieß es. Demir bekam plötzlich eine Perspektive, doch viele andere Betroffene ohne diese mediale Aufmerksamkeit werden alleingelassen. Und das, obwohl überall händeringend nach Pflegepersonal gesucht wird. Jede einzelne Pflegefachkraft, die fehlt, weil ihre Berufsausbildung nicht anerkannt wird oder sie abgeschoben werden soll, ist fatal. Es bedarf deshalb klarer Kriterien zur Anerkennung und einer Vereinfachung der Anträge und Bewilligungen.

Mittlerweile ist die Zahl der anerkannten Pflegeab-
schlüsse aus dem Ausland leicht gestiegen. Doch da
gibt es noch viel Potenzial, wie der Deutsche Pflegeverband berichtet. Allerdings nur dann, wenn man es
richtig angeht. Die Fähigkeiten oder Kenntnisse, die
es tatsächlich braucht, dürfen dabei nicht verwässert
werden. Die Ausbildung zu einer Gesundheitspflegerin oder einer Altenpflegefachkraft ist komplex, die
Arbeit im Dienst anspruchsvoll. Ich habe auch mit
Pflegedienstleitungen gesprochen, die aus der Praxis
berichten, dass es häufig Probleme mit Angestellten
gäbe, die noch nicht ausreichend gut Deutsch sprechen. Für diese Fälle sind Ansprechpartner in jedem
Bundesland nötig. Es braucht zentrale Stellen, die
ausländische Fachkräfte betreuen, ihre Abschlüsse
prüfen und sie auf das Arbeitsleben in Deutschland
vorbereiten. Beispielsweise indem sie Sprachkurse
vermitteln und Einrichtungen suchen, die Erfahrungen mit der Einarbeitung ausländischer Fachkräfte
haben. Genauso könnte eine solche öffentliche Stelle
die Menschen bei der Beantragung eines Visums und
der Staatsbürgerschaft beraten und betreuen. Das
kostet Geld, doch es dürfte sich langfristig auszahlen
und das System dauerhaft entlasten.

Die Zahl der geflüchteten oder immigrierten Menschen mit Pflegeausbildung ist jedoch längst nicht
hoch genug, um den Fachkräftemangel auszuglei-
chen. Das kann nur ein Baustein von vielen sein.

Dazu gehört auch, dass zukünftig mehr Fachkräfte aus dem Ausland aktiv angeworben werden müssen. Jens Spahn flog zwar medienwirksam in den Kosovo, nach Mexiko und auf die Philippinen, um vor Ort für den Pflegeberuf in Deutschland zu werben.[3] Das kann aber nur ein erster Schritt sein, wir benötigen konkrete Projekte, die längerfristig Pflegepersonal anwerben und in Deutschland betreuen. Noch vor Ausbruch der Pandemie konnte ich mich bei einer Recherche in Rostock selbst davon überzeugen, wie sinnvoll solche Initiativen sein können. Im Januar 2020 habe ich Lan Pham begleitet, eine 23-jährige Frau aus Vietnam.[4] Am Morgen betrat sie das Zimmer einer älteren Dialysepatientin. Pham maß ihren Puls, legte ihr dazu ein Band um den Arm. Später verteilte sie Medikamente, half einer anderen Patientin beim Duschen. Pham ist eine ganz besondere Auszubildende, Teil eines Pilotprojektes. 25 vietnamesische Pflegeschülerinnen und -schüler kommen seit 2018 jährlich nach Rostock. Sie werden dort drei Jahre lang ausgebildet: Patientinnen waschen, Betten beziehen, Tabletten verabreichen. Eigentlich haben sie das schon in ihrer Heimat gelernt, doch weil ihre Ausbildung in Deutschland nicht anerkannt wird, hat sich das Klinikum dazu entschlossen, die Vietnamesen in Rostock selbst auszubilden. Dadurch ist sichergestellt, dass sie die Fähigkeiten besitzen, die Sprache erlernen und schnell in den Beruf einsteigen können. Vor Ort konnte ich eine

Berufsschule besuchen, in der eine rein vietnamesische Klasse unterrichtet wurde. Die Schülerinnen und Schüler lernten die deutsche Sprache und auch die medizinischen Fachbegriffe. Gegenseitig erklärten sie sich in Gruppenarbeiten, wie man Tabletten verabreicht, was Schluckimpfungen sind und wie unterschiedliche Wundtypen gepflegt werden müssen. Was dort entsteht, soll dem Fachkräftemangel in Rostock entgegenwirken.

»2025 könnte es richtig eng werden, wenn viele Kollegen in Rente gehen«, sagte mir Caren Erdmann, die im Pflegevorstand der Klinik für die Ausbildung zuständig ist. Wie in zahlreichen anderen Krankenhäusern und Seniorenheimen sind viele Angestellte über fünfzig Jahre alt, steuern auf den Ruhestand zu, während es zu wenig Nachwuchs gibt. Für ihre Klinik sei Erdmann aber nun optimistisch, dem Fachkräftemangel und der Verrentungswelle entgegenwirken zu können. Projekte wie das in Rostock benötigen wir bundesweit öfter, denn sie können ein Teil der Lösung sein. Sich allein auf ausländische Fachkräfte zu verlassen ist aber trügerisch und gleichzeitig moralisch schwierig. Immerhin ist kaum ein Land der Welt nicht von einer älter werdenden Bevölkerung betroffen, viele Staaten brauchen ihr Pflegepersonal selbst. Ein weltweiter Wettlauf um Pflegefachkräfte ist nicht zielführend, daran sollte sich Deutschland nicht beteiligen. Vor allem nicht dann, wenn es um Staaten geht, die selbst von einem Fachkräftemangel betroffen sind. Anders sieht es bei Ländern mit einer jungen Bevölkerung aus, dort kann ein solcher Austausch für beide Seiten sinnvoll sein. Doch auch hier gilt: Alleine wird die Einwanderung von Pflegefachkräften wenig bewirken. Es braucht keinen Pflegeimperialismus, sondern stattdessen eine Bekämpfung der Ursachen für den massenhaften Pflexit und den Personalmangel in Deutschland. Es braucht ein klares Zeichen an Pflegende hierzulande. Und auch ein Zeichen an diejenigen, die sich für eine Ausbildung in der Pflege interessieren könnten. Zahlen des Sinus-Instituts für Markt- und Sozialforschung zeigen, dass sich 21 Prozent der Jugendlichen generell vorstellen könnten, in der Pflege zu arbeiten.[5] Häufig bewerten sie den Beruf durchaus positiv als anspruchsvoll und abwechslungsreich. Das Potenzial ist also vorhanden, nur müssen sich die Rahmenbedingungen ändern, damit es genutzt werden kann.

Letztendlich muss es darum gehen, die Arbeitsbedingungen in der Pflege dauerhaft zu verbessern. Der Barmer-Pflegereport von 2020 zeigt, dass dadurch auf einen Schlag 26 000 Fachkräfte zurückgewonnen werden könnten, viel mehr Angestellte würden in den kommenden Jahren folgen.[6] Deshalb ist es unabdingbar, dass sich etwas Grundlegendes verbessert. Dazu möchte ich nun acht Ideen und Denkanstöße liefern, die dazu beitragen könnten. Acht Maßnahmen, die von Politikerinnen und Politikern, Pflegeverbänden und Angestellten des Gesundheitswesens diskutiert und gefordert werden. Gemeinsam könnten sie einen Masterplan zur Verbesserung der Arbeitsbedingungen und Bekämpfung der Pflegekrise ergeben.

Erstens braucht es in der Pflege bessere Löhne, denn wie bereits beschrieben, liegen die Gehälter von Pflegenden zum Teil weit unter dem Durchschnittsverdienst in Deutschland. Vor allem in der Altenpflege und in ambulanten Diensten sowie bei Hilfskräften sind die Verdienste oft so schlecht, dass Altersarmut vorprogrammiert ist. Pflege muss uns mehr wert sein als 15 Euro in der Stunde. Im weltweiten Vergleich zeigt sich, dass andere Staaten in Relation zu ihren Lebenshaltungskosten und Durchschnittsgehältern Pflegefachkräfte besser bezahlen. Laut einer internationalen Studie der OECD liegt Deutschland bei der Bezahlung von Krankenpflegerinnen und -pflegern auf Platz zwölf, oben stehen Chile, Mexiko und Israel. Auch in den USA, in Spanien, den Niederlanden, und Griechenland wird das Pflegepersonal deutlich fairer entlohnt.[7] Die Politik hierzulande sollte reagieren. Schon lange fordern der Bundesverband für Fachkräfte in der Pflege und der Deutsche Pflegerat ein Einstiegsgehalt von 4000 Euro brutto.[8] Ihr Ziel: Ein Lohn, der höher ist als der in vergleichbaren Berufen und dadurch den Pflegenotstand entschärft, weil er junge Menschen für eine Ausbildung begeistert. Ein Grundlohn, der sich in diese Richtung bewegt, könnte gleichzeitig Angestellte in Teilzeit zu mehr Wochenstunden überzeugen. Ein höherer Lohn könnte auch Altersarmut verhindern und Pflegende besser anerkennen. Vor allem aber könnte er in Kombination mit anderen Maßnahmen den massenhaften Exodus von Fachkräften aus den Pflegeberufen stoppen.

In den vergangenen Jahren hat sich ein weiterer Trend herausgebildet: Immer mehr Pflegende verlassen ihre Dienststelle und schließen sich Leiharbeitsfirmen an. Kliniken und Pflegeheime können sie dann für begrenzte Zeit einstellen, wenn der Personalmangel besonders hoch ist. Das kostet deutlich mehr, Pflegende in Zeitarbeit haben einen Stundenlohn von mehr als 20 Euro, je nach Anbieter.[9] Das zeigt, dass höhere Löhne also durchaus den Pflegeberuf attraktiver werden lassen können. Die Politik sollte das registrieren und handeln, anstatt wie nun das Land Berlin zu versuchen, diese Zeitarbeitsfirmen zu verbieten oder einzuschränken. Ein Paradigmenwechsel muss her, denn diese Entwicklung zeigt, dass konkurrenzfähige Löhne in der Pflege erforderlich sind. Diese lassen sich aber nur herstellen, wenn es starke Pflegemindestlöhne und darüber hinaus flächendeckende Tarifverträge gibt. Lediglich die Hälfte der Altenpflegefachkräfte arbeitet zu Tariflöhnen. Ein Gesetz soll dem entgegenwirken und ab September 2022 Pflegeträger zu Tarifverträgen verpflichten. Doch das wird wenig bewirken: Sie können weiterhin schlechte Verträge aushandeln. Im Schnitt wird das Pflegegehalt um bis zu 300 Euro steigen, doch da kaum jemand in der Branche Vollzeit arbeitet und darauf noch Steuern und Abgaben anfallen, bleibt den meisten wenig übrig.[10] Stattdessen braucht es einen allgemeingültigen Tarifvertrag für die Altenpflege – genauso wie für die Krankenpflege. Weil Ersteres am Widerstand der Caritas gescheitert ist, muss nun ein neuer Versuch gewagt werden, notfalls muss der Gesetzgeber härter eingreifen und die Tarifautonomie aufheben – also einen Tarifvertrag für die Branche erzwingen. Nur dann lassen sich die Einkommen in der Pflege flächendeckend verbessern.

Fragt man Pflegefachkräfte, spielt der Lohn für sie meistens aber nicht die entscheidende Rolle, vor allem für diejenigen, die schon länger im Beruf sind oder in kommunalen Kliniken arbeiten. Auch die vergangenen Streiks und Tarifverhandlungen haben gezeigt, dass es Pflegenden vor allem um bessere Arbeitsbedingungen auf den Stationen geht. Anfang des Jahres 2020 hat Gesundheitsminister Jens Spahn diesbezüglich gehandelt und die Pflegepersonaluntergrenzen eingeführt.[11] Demnach darf auf sogenannten pflegeintensiven Stationen nur noch eine gewisse Anzahl an Patientinnen und Patienten von einer Fachkraft pro Schicht behandelt werden. In der Intensivmedizin heißt das: Tagsüber betreut eine

Pflegefachkraft nur noch maximal zwei Patienten, nachts drei. In der Unfallchirurgie dürfen pro Tagschicht zehn Patientinnen auf eine Fachkraft kommen, nachts etwa doppelt so viele. Unterschreiten Kliniken diese Vorgaben, müssen sie Strafen zahlen. Dieser Personalschlüssel gilt jedoch nur für wenige Pflegebereiche und auch nur in Kliniken, nicht in der Altenpflege oder im ambulanten Dienst. Die Gewerkschaft ver.di kritisiert, dass die Schlüssel nicht streng genug sind, und sieht darin keine Lösung. Ver.di kritisiert außerdem, dass die Untergrenzen in der Pandemie von März bis Ende Dezember ausgesetzt wurden.[12] Seit Januar 2021 gilt die Regelung wieder. Damit sie aber wirklich etwas an der Arbeitsbelastung bewirkt, müssen die Grenzen aktualisiert werden. Wir benötigen also zweitens bundesweit gültige Personalschlüssel, die sich nach dem tatsächlichen Aufkommen von Patientinnen und Patienten richten und für alle pflegerischen Stationen und Bereiche gültig sind – auch für den mobilen Pflegedienst, also jene Fachkräfte, die Erkrankte zu Hause aufsuchen. Diese brauchen eine Begrenzung der Zahl von Seniorinnen und Senioren, die sie täglich betreuen, damit sie nicht von Kundin zu Kunde hetzen und immer auf die Uhr blicken müssen. Denn Pflegende stört an ihrem Arbeitsalltag vor allem der Faktor Zeit. Zeit, die sie zu selten haben, um ihre Klientinnen und Klienten adäquat versorgen zu können. Ein echter Personalschlüssel könnte für genau diese nötige Zeit sorgen und die Fachkräfte entlasten, ganz zum Wohl der Menschen, die von ihnen gepflegt werden.

Ein anderes Ärgernis, das vielen Pflegenden die Zeit am Krankenbett nimmt, ist die ausufernde Bürokratie. Pflegefachkräfte verbringen 13 Prozent ihrer Arbeitszeit mit der Dokumentation, also dem Ausfüllen von Bögen und Formularen, nachdem oder während sie einen Menschen pflegen. Rechnet man das auf den gesamten Arbeitstag um, ergibt das eine volle Stunde allein für die Aktenführung. Das verursacht laut einer Studie der Bundesregierung aus dem Jahr 2013 Bürokratiekosten von 2,7 Milliarden Euro.[13] Drittens gilt also: Viele dieser Dokumentationen gehören abgeschafft, weil jede unnötige Minute am Schreibtisch letztendlich am Patientenbett fehlt. Nun kann nicht auf jegliche Dokumentation verzichtet werden, schließlich sind zur Qualitätskontrolle, für Übergaben und Abrechnungen auch schriftliche Informationen nötig. Doch hier sollte genau hingeschaut werden, ob eine Pflegefachkraft wirklich aufschreiben muss, dass Herr L. nicht am Singkreis teilnehmen will, weil er noch nie gesungen hat. Oder ob seine Inkontinenzbeutel wirklich gewogen werden müssen, um zu prüfen, ob die Flüssigkeitsbilanzen stimmig sind. Es sollte massiv in die Digitalisierung investiert werden, damit solche Dokumentationen schneller und weniger mühsam erledigt werden können als bisher. Pflegende müssen von der Bürokratie soweit es nur geht entlastet werden. Und zwar so, dass eine Kontrolle ihrer Arbeit weiterhin möglich ist. In der Coronakrise war genau das für eine gewisse Zeit vorgeschrieben. Zumindest beschloss die Regierung, dass die Angestellten in den 11 700 Altenheimen und bei den rund 15 000 ambulanten Pflegediensten dahingehend entlastet wurden – bis Jahresende.[14]

Viertens braucht es Arbeitszeitmodelle, die eine körperliche und psychische Überlastung verhindern und ein Familien- und Privatleben ermöglichen. Es werden flexiblere Arbeitsmodelle benötigt, um auch die große Gruppe junger Mütter und Väter für den Pflegeberuf gewinnen zu können. Vor allem braucht es aber für das bestehende Personal faire Regelungen. Viele Pflegende müssen Überstunden machen, oft werden diese nicht zeitnah abgebaut, sondern irgendwann ausgezahlt. Das ist keine gesunde Lösung, wenn man den hohen Krankenstand des Pflegepersonals betrachtet. Stattdessen gehören Überstunden verpflichtend zeitnah abgebaut und das spontane Übernehmen von Diensten anderer entsprechend mit Sonderausgleich honoriert. Gleichzeitig muss sichergestellt werden, dass Arbeitszeitregelungen auch wirklich eingehalten werden. Insbesondere in Kliniken wird oft von standardmäßigen Überstunden berichtet und von Dienstplänen, die so eng bemessen sind, dass regelmäßig Dienste verlängert werden müssen. Es braucht eine maximale Wochenarbeitszeit von 40 Stunden, und diese muss eingehalten und kontrolliert werden. Dazu werden flächendeckend Zeiterfassungssysteme benötigt. Die Angestellten stempeln sich dann vor ihrer Schicht ein und am Ende ihrer Schicht aus, sodass jede Minute Arbeit und auch Pause aufgezeichnet wird. Das wird ohnehin fällig, wenn die Bundesregierung das Urteil zur Zeiterfassung des Europäischen Gerichtshofs, wie angekündigt, umsetzt.[15] Kommt es dazu, muss vor allem in der Pflege darauf geachtet werden, dass diese Regelungen nicht umgangen werden. Nur mit Arbeitszeiten, die eine entsprechende Erholung ermöglichen, also auch zwei Wochenenddienste in Folge verbieten, werden Pflegende vor der Verheizung ihrer Arbeitskraft geschützt.

Gleichzeitig müssen Pflegefachkräfte von unnötigen Arbeiten entlastet und mit mehr Verantwortung ausgestattet werden. Das Pflegepersonal sollte keine Reinigungsarbeiten übernehmen oder die Stationsküche aufräumen müssen, das Pflegepersonal sollte pflegen. Und Pflegende können mehr, als ihnen zugetraut wird. Sie sind nicht die Assistenz von Ärztinnen und Ärzten, sondern eigenständige Faktoren im Gesundheitswesen. Deshalb gilt fünftens: Wir benötigen mehr multiprofessionelle Teams und ein Arbeiten auf Augenhöhe, damit auch Pflegefachkräfte Entscheidungen selbst treffen können und nicht bei jeder Infusion, Wundbehandlung oder Magensonde eine Verordnung von Ärztinnen brauchen, um sie einzusetzen. Der Mangel an Ärztinnen und Ärzten, vor allem auf dem Land, wird unser System ohnehin dazu zwingen. Langfristig braucht es Gemeindepfleger, die studiert haben und mit ärztlichen Kompetenzen ausgestattet sind, also auch eigenständig Wunden versorgen und Rezepte ausstellen können. In Deutschland gibt es durchaus die Möglichkeit, eine sogenannte *Advanced Practice Nurse* zu werden.[16] Doch diese Weiterbildungen sind zu unbekannt und bleiben oft ungenutzt. Dabei wäre das genau der richtige Weg, um Pflegefachkräften in Kliniken mehr Kompetenzen zu geben, ihren Beruf aufzuwerten und attraktiver zu gestalten sowie gleichzeitig den Landarztmangel zu bekämpfen.

Sechstens muss es Aufstiegsmöglichkeiten für Pflegepersonal geben, da dies den Beruf attraktiver macht und Menschen motiviert. Es war ein richtiger Schritt der Politik, die neue Pflegeausbildung generalistisch zu gestalten, sodass Alten- und Krankenpflegerinnen, aber auch Kinderkrankenpfleger gemeinsam ausgebildet werden und die Chance auf neue Perspektiven bekommen.[17] Dieser Gedanke muss im späteren Berufsleben weitergeführt werden. Ein Beruf, der keine Möglichkeit zur Weiterbildung und Entwicklung bietet, ist nicht attraktiv. Die Aufstiegsmöglichkeiten sind in der Pflege begrenzt, braucht es doch vor allem Menschen, die nah am Menschen arbeiten. Trotzdem sollten Weiterbildungen, zum Beispiel zur Intensivpflege, Demenzbetreuung oder Schmerztherapie finanzierbar und erwünscht sein. Vor allem für ältere Angestellte, die oft ihre Arbeitszeit reduzieren müssen, weil sie körperlich aufgrund der harten Arbeitsjahre angeschlagen sind, wäre das eine wichtige Perspektive. Für all jene sollte es die Option geben, später Pflegedienstleiterin oder Betreuungskraft zu werden. Außerdem sollte es leichter möglich sein, nach abgeschlossener Ausbildung und mit Berufserfahrung ein Pflegestudium aufzunehmen, beispielsweise im Pflegemanagement oder in der Pflegewissenschaft – idealerweise gefördert und berufsbegleitend.

Zusätzlich stellt sich siebtens die Frage, ob eine weitere Akademisierung des Pflegeberufs sinnvoll wäre. Immer noch gibt es in Deutschland kaum Vollzeit-Pflegestudiengänge.[18] Im internationalen Vergleich liegt die Bundesrepublik hier weit zurück: Der Anteil der Pflegenden mit einem Pflegestudium liegt bei ein bis zwei Prozent, in den Niederlanden sind es etwa 45 Prozent, in Schweden und Großbritannien 100 Prozent. Auch in den USA wird Pflege längst studiert.[19] Innerhalb der Branche in Deutschland ist das umstritten, die einen erhoffen sich mehr Verantwortung und Anerkennung, die anderen fürchten die Akademisierung und eine Verschärfung des

Fachkräftemangels. Der Deutsche Wissenschaftsrat empfiehlt, dass zumindest zehn bis 20 Prozent des Pflegepersonals ein Studium absolviert haben sollten. Das könnte das Ansehen des Berufs verbessern und Pflegenden mehr Kompetenzen ermöglichen. Es ist an der Zeit, die Akademisierung voranzutreiben und das wissenschaftlich zu begleiten, um mit ausreichenden Erkenntnissen langfristig entscheiden zu können, ob auch in Deutschland die Ausbildung zu einem Pflegeberuf standardmäßig ein Studium sein sollte.

Achtens und abschließend ist es wichtig, dass der Pflegeberuf eine Tätigkeit ist, die dauerhaft gesellschaftlich anerkannt wird – nicht nur während einer Pandemie. Vor der Coronakrise gaben in einer Umfrage des Deutschen Roten Kreuzes 40 Prozent der Pflegefachkräfte an, dass sie sich von der Gesellschaft nicht wertgeschätzt fühlen.[20] Dazu tragen Faktoren bei, die ich bereits genannt habe: die schlechte Bezahlung, der hohe Arbeitsdruck, die geringe Verantwortung. Doch dazu gehört auch die Art und Weise, wie politisch mit Pflegenden umgegangen wird. Es war der Sozialminister Norbert Blüm, der davon sprach, dass die Pflege ein Beruf sei, den jeder machen könne, der »ein gutes Herz und eine ruhige Hand« habe. Jahre später schlug die damalige Ministerpräsidentin von Nordrhein-Westfalen, Hannelore Kraft, vor, dass Arbeitslose im Pflegeheim arbeiten könnten.

In der Coronakrise wurde erst gefordert, dass Pflegefachkräfte auch mit einer Infektion arbeiten sollten,
später wurde über eine Impfpflicht für sie diskutiert.
All das zeigt, dass Pflegende in ihrem Beruf oft nicht
wertgeschätzt oder ernst genommen werden, denn
niemand würde etwa auf die Idee kommen, vorzu-
schlagen, dass Langzeitarbeitslose nach einem
Crashkurs in Behörden eingesetzt werden könnten.
Die Pflege wird hingegen immer wieder entwertet
und nicht gehört. Das spüren viele Pflegende auch
in ihren Unternehmen und auf politischer Ebene.
Nur eines von zehn privaten Pflegeheimen hat einen
Betriebsrat. Dabei ist genau dieser nötig, damit die
Anliegen der Angestellten ernst genommen werden.
Das gilt für Seniorenheime wie für Kliniken und
ambulante Dienste. Ein Grund, weshalb viele Fachkräfte in die Leiharbeit flüchten, ist, dass sie dort
unabhängiger sind und selbstbestimmter arbeiten
können. Sie können selbst entscheiden, in welchen
Schichten sie arbeiten, wie ihre Arbeitszeiten aussehen, und können Urlaubstage eintragen, ohne sich
mit anderen abzusprechen. Sie haben dort das Maß
an Einfluss, das ihnen im Arbeitsalltag auf Stationen
und in Heimen oft verwehrt bleibt. Nicht alle diese
Freiheiten sind auf ein festes Arbeitsverhältnis über-
tragbar, doch das Bedürfnis nach mehr Mitbestimmung und Flexibilität steigt. Um dieses Personal zu-
rückzugewinnen und Angestellte zu halten, müssen
also die starren Hierarchien abgebaut werden, vor

allem im Krankenhaus: Die »Götter in Weiß«, meist männlich und *weiß*, in der Führungsposition und die Pflegefachkraft als Assistenz – dieses Bild ist längst überholt. Wer die Qualität der Pflege und die Zufriedenheit der Pflegenden sicherstellen will, muss außerdem Strukturen für Mitbestimmung schaffen. Das Pflegepersonal braucht mehr Mitsprache in Betrieben, aber auch in der Gesundheitspolitik: In Gremien, in Ausschüssen und auf höchster Ebene. Im Bundestag oder in den Landtagen sitzen nur wenige Menschen, die den Pflegeberuf erlernt haben, in den Parteien ist die Berufsgruppe ebenfalls unterrepräsentiert. Eine schlagkräftige Gewerkschaft oder Berufskammer und ein großer Interessenverband mit Einfluss ist nicht in Sicht. Doch solche Pflegelobbyisten wären wichtig, damit Pflegefachkräfte und ihre Anliegen politisch anerkannt und gehört werden. Damit der Druck wächst und die Gelder, die vorhanden sind, auch für Pflegende eingesetzt werden. Deshalb gilt: Pflegende müssen in Führungspositionen, in Gremien und in die Politik.

2. Gesundheit ohne Gewinn:
Ein System ohne Profit schaffen

Spricht man mit Pflegefachkräften, Heimbetreiberinnen, mit Ärzten oder Wissenschaftlerinnen ist eindeutig, dass viel geschehen muss, damit die Pfle-

gekrise abgewendet werden kann und der Pflegenotstand nicht verfestigt wird. Er bedroht nicht nur
unsere Versorgung, sondern letztendlich die ganze
Volkswirtschaft, wenn immer mehr Menschen ihre
Angehörigen selbst pflegen, Arbeitszeiten reduzieren,
weniger konsumieren. Jeder Euro, der nachhaltig
zum Gesunden des Gesundheitssystems beiträgt, ist
klug investiert, in jeglicher Hinsicht. Und die Politik
scheint zumindest den Handlungsbedarf erkannt zu
haben. Höhere Pflegemindestlöhne, die Einführung
von Personalschlüsseln und eine neue Ausbildung
lassen erkennen, dass zumindest Wege gesucht
werden, um die Situation zu verbessern. Das sind
alles richtige Schritte, einige werden etwas bewirken. Sie werden einen Effekt haben, aber keinen, der
reicht, um den Pflegenotstand abzuwenden. Keinen,
der die Pflegekrise wirklich löst. Um etwas zu bewirken, kann und darf das nur der Anfang einer
Reihe von Entscheidungen sein. Es braucht radikale
Maßnahmen, mehr als nur kleine Reformen, eine
echte Pflege-Revolution. Es braucht Politikerinnen
und Politiker, die mutig handeln und groß denken.
Die Zeit läuft, dessen sind sich seit der Coronakrise
immerhin viele bewusst. Doch letztendlich bewegt
sich nur etwas, wenn das Problem grundsätzlich
angegangen wird. Wenn ein Virus, der das System
längst auf allen Ebenen infiziert hat, entschlossen
bekämpft wird: der Profit.

Gesundheit in Deutschland ist ein Geschäft. Medizin ist eine Ware, der Mensch ist zu einem verwertbaren Objekt geworden. Egal, ob es um eine Operation in der Klinik geht oder um jahrelange Pflege im Seniorenheim: Oft steht nicht die bestmögliche Behandlung oder Pflege im Vordergrund, sondern die Frage, wie mit Patienten am meisten Profit gemacht werden kann. Dieser Gedanke muss langfristig aus dem Gesundheitssystem verschwinden und durch einen anderen ersetzt werden: Weshalb müssen Schulen, Kindergärten, die Polizei und Feuerwehr keine Gewinne erzielen, Kliniken und Pflegeheime aber schon? Wir benötigen eine Politik, die Gesundheit als Teil der Daseinsvorsorge definiert und vor Profitstreben schützt. Nur wie kann das gelingen?

Ich möchte nun drei Vorschläge skizzieren, drei Ideen, die jeweils einzeln wirken, und gemeinsam sogar einen radikalen Umbau des Gesundheits- und Pflegesystems zur Folge hätten. Ideen, die nicht von heute auf morgen umsetzbar sind, aber als gemeinsames Projekt des laufenden Jahrzehnts wichtige Änderungen bewirken würden. Drei Schritte mit dem Ziel, ein solidarisches Gesundheitswesen zu schaffen.

Erstens muss ein System der Daseinsvorsorge eingeführt werden, das nicht weiter privatisiert werden darf. Ich habe bereits beschrieben, wie defizitär viele Krankenhäuser in Deutschland sind und wie Pflegeheime zu Lasten der Angestellten und der Bewohnerinnen und Bewohner sparen müssen. Das liegt nicht an schlechtem Management, sondern an politischen Vorgaben und ihren Auswirkungen. An der Marktöffnung für private Anbieter in der Altenpflege und dem Profitgedanken an Krankenhäusern. Beides wurde politisch erschaffen und hat tagtäglich Folgen für die Versorgung in Deutschland. Selbst in der Coronakrise mussten Kliniken Insolvenz anmelden oder konnten die Gehälter der Beschäftigten nur auszahlen, weil Gesundheitsminister Jens Spahn Sondergelder zur Verfügung stellte.[21] In den vergangenen 20 Jahren mussten rund 1000 Kliniken schließen. Meist nicht, weil eine oft behauptete Überversorgung herrscht oder die Krankenhäuser schlecht wirtschaften, sondern weil private Betreiber ihnen Konkurrenz machen. Hinzu kommt, dass die Bundesländer und Kommunen immer noch eigene Kliniken an börsennotierte Unternehmen verkaufen und damit ihre Staatshaushalte sanieren. Es braucht deshalb einen Rettungsschirm für alle sterbenden Kliniken und einen Beschluss in möglichst vielen Bundesländern und auf Bundesebene, der im Sinne der Erhaltung der öffentlichen Daseinsvorsorge den Verkauf von Kliniken erschwert und bestenfalls verbietet. Die weitere Privatisierung von Krankenhäusern muss beendet werden. Gleichzeitig sollte es wo möglich Initiativen zur Rekommunalisierung von

Kliniken geben, um das Voranschreiten der Privatisierung der Pflege zu bekämpfen. Die Bundespolitik könnte einen Fonds errichten, der Rekommunalisierungen finanziert und unterstützt, um langfristig das Gesundheitssystem wieder mehr in staatliche Verantwortung zu bringen. Das Gleiche gilt für Pflegeheime und mobile Pflegedienste. Auch dort hat in den vergangenen 20 Jahren eine verstärkte Privatisierung stattgefunden, die nicht weiter voranschreiten darf. Der Staat sollte eine Pflegeoffensive starten und damit die wenigen noch bestehenden kommunalen oder gemeinnützigen Seniorenheime erhalten und weitere Heime bauen und übernehmen. Im Idealfall sollte der Staat in alternative Projekte wie Demenzdörfer und Pflege-Wohngemeinschaften investieren und sich damit einen Anteil am Pflegemarkt zurückerobern. Es gibt entgegen der Annahme von neoliberalen Kräften keinen Hinweis darauf, dass staatliche Kliniken oder Pflegeheime schlechter organisiert oder verwaltet würden als private Träger. Die oft beklagte Ineffizienz staatlicher Strukturen bezieht sich meistens nur auf geringere Profite, auf längere Behandlungszeiten und zu viel Personal. Doch da stellt sich immer die Frage des Maßstabs, und die Coronakrise hat gezeigt, dass es genau das im deutschen Gesundheitswesen braucht: mehr Personal und weniger Profit. Auch um dauerhaft Kapazitäten zu haben für mögliche Katastrophen und andere Pandemien. Entgegen der Meinung vieler

Kritiker ist das kein teurer Luxus, sondern Teil einer verantwortungsvollen Gesundheitspolitik. Vor allem weil die Gesundheitsversorgung mit Geldern der Kranken- und Pflegekassen sowie aus Steuermitteln finanziert wird, liegt es im Interesse der gesamten Gesellschaft, keine privaten Träger zu finanzieren, die daraus Rendite für Aktionäre ausschütten und Personal abbauen. Das kann und sollte nicht die Folge staatlichen Handelns sein.

Zweitens muss rückgängig gemacht werden, was mit dazu beigetragen hat, dass sich das Gesundheitssystem in Deutschland in Richtung Privatisierung entwickelt hat. Um Gegenteiliges zu bewirken und ein System der Solidargemeinschaft zu ermöglichen, ist die zeitnahe Abschaffung der Fallpauschalen notwendig. Patientinnen und Patienten müssen sich darauf verlassen können, dass an unseren Kliniken der Mensch im Zentrum des Handelns steht und nicht der Profit. Egal ob privater Träger oder städtisches Krankenhaus: Die Fallpauschale weckt, wie bereits beschrieben, unzählige Fehlanreize. Sie verschlechtert die Patientenversorgung und stellt einen Wettbewerb um wirtschaftliche Effizienz her, den es in einem solidarischen Gesundheitswesen nicht geben sollte. Wer beschließt, dass Gesundheit kein Geschäft sein darf, muss auch die Praktiken beenden, die genau das bedingen und erzwingen. Patientinnen sollen die Behandlung erhalten, die sie wirklich brauchen, und nicht diejenige, die gut in den Krankenhausplan passt und noch dringend gemacht werden muss, um Effizienzziele zu erreichen. Patienten sollen dann entlassen werden, wenn es medizinisch sinnvoll ist, und nicht dann, wenn es sich für die Klinik finanziell rechnet. Pflegende, Ärztinnen und Ärzte sowie Therapeutinnen und Hilfskräfte sollten nach dem tatsächlichen Bedarf eingestellt werden, den es auf den Stationen gibt, nach verbindlichen Personalschlüsseln und nicht nach finanzieller Lage der Häuser. Das sogenannte Selbstkostendeckungsprinzip muss wieder eingeführt werden, sodass die bei Behandlungen und Operationen tatsächlich anfallenden Ausgaben von den Krankenkassen erstattet werden und nicht ein fiktiver Pauschalbetrag. Das würde auch die Qualität der Pflege verbessern, wie eine Studie der Hans-Böckler-Stiftung zeigt. Die Fallpauschalen mindern nach der Studie langfristig die Qualität der Versorgung, weil sich Kostendruck und eine Unterbesetzung der Pflege auf sie auswirken.[22] Es braucht also ein System, in dem das Personal kein Kostenfaktor, sondern der Kern des Krankenhauses ist. Und wir benötigen eine Pflegefinanzierung, die genau das berücksichtigt und Seniorenheime nach ihrem tatsächlichen Bedarf ausstattet.

Wenn wir wiederum über Effizienz in einem solidarischen Gesundheitswesen sprechen, dann sollten diejenigen Kliniken und Pflegeheime finanziell bessergestellt und belohnt werden, die eine besonders hohe Patientenzufriedenheit sicherstellen. Kliniken, die nachweisen können, dass sie sich um ihr Personal sorgen und es entlasten, statt es zu verheizen. Pflegeheime, die bei den Qualitätsüberprüfungen besonders gut abschneiden und hohe Standards erfüllen. Auch in einem solidarischen Gesundheitswesen ist Wettbewerb notwendig: Ein Wettbewerb um die bestmögliche Versorgung der Erkrankten und Angestellten, denn beides bedingt sich gegenseitig.

Mit solchen Reformen würde man Fehlentwicklungen korrigieren, die Verschlechterung der Verhältnisse verlangsamen, vielleicht sogar aufhalten, und einen neuen Wettbewerbsgedanken etablieren. Alleine dieser würde das Verhältnis zwischen privaten und staatlichen Betreibern verändern, und zwar zugunsten des solidarischen Gesundheitswesens. Es wird allerdings nicht reichen, nur getroffene Fehlentscheidungen rückgängig zu machen, um das System grundlegend zu verändern. Der angerichtete Schaden lässt sich nicht dadurch allein rückgängig machen, denn der Markt im System Gesundheit hat sich längst etabliert, da reicht es nicht aus, nur wichtige Spielregeln anzupassen. Das Spiel muss abgepfiffen und neu gestartet werden. Das geht nur, wenn sich die Politik endgültig vom Gewinnstreben im Gesundheitswesen verabschiedet. Der Politik wird kein anderer Weg übrig bleiben, als grundlegend in den Markt einzugreifen. Es kann dabei nicht darum gehen, von heute auf morgen alle Kliniken und Pflegeheime zu rekommunalisieren oder zu verstaatlichen. Aber es gäbe einen Weg, der Gewinnmaximierung entgegenzuwirken: die Einführung eines Profitdeckels.

Indirekt hat Gesundheitsminister Jens Spahn bereits davon gesprochen. In einem Gastbeitrag für das *Handelsblatt* schrieb der Minister, dass »ein kapitalmarktgetriebenes Fokussieren auf zweistellige Renditeerwartungen« in einem personalintensiven Bereich wie der Pflege nicht angemessen sei. Im Sommer 2018 sagte er in einem Interview mit der *Zeit*, zweistellige Renditen im Pflegesektor entsprächen »nicht der Idee einer sozialen Pflegeversicherung«. Er ergänzte: »Man könnte versuchen, die Rendite zu begrenzen.« Eine Regulierung halte er für denkbar, denn »sehr hohe Gewinne könnten fast nur durch vorsätzliches Absenken der Versorgungsqualität zustande kommen«. Geschehen ist nichts. Die großen Pflegeheimketten oder Kliniken machen bis heute Gewinne, sind trotz der Coronakrise gewachsen und haben an Marktanteilen dazugewonnen. Spahn hat lediglich die Bezahlung des Pflegepersonals aus dem System der Fallpauschalen entfernt, was zumindest der ein oder anderen Klinik dabei helfen wird, weniger am Personal sparen zu müssen. Doch der Profitgedanke bleibt, grundsätzlich ändert sich nichts.

Deshalb braucht es drittens einen bundesweiten, verbindlichen Profitdeckel für die Pflege, ein Ende des

Gewinnstrebens mit unserer Gesundheit. Die Politik könnte ein Instrument schaffen, das Profite begrenzt und private Betreiber dazu zwingt, Gewinne zu investieren – und zwar in die bessere Bezahlung der Angestellten oder in angemessenere Arbeitsbedingungen. Wer darüber hinaus mehr als die festgelegte Rendite macht, könnte mit einer Strafsteuer belangt werden. Einer Steuer, deren Einnahmen wiederum in bessere Arbeitsbedingungen investiert würden. Langfristig würde der Profitgedanke verschwinden, städtische und kommunale sowie gemeinnützige Betreiber würden profitieren und könnten bestehen. Die Politik könnte handeln, ohne alle Betriebe verstaatlichen und rekommunalisieren zu müssen. Auf diesem Weg würde sie Profite zu Lasten von Patientinnen und Patienten sowie Pflegefachkräften unmöglich machen und ein solidarisches System erschaffen.

3. Die Pflege neu finanzieren: solidarische Beiträge und faire Steuern

Das deutsche Gesundheitssystem ist teuer. Pro Jahr gibt die Bundesregierung 11,2 Prozent des Bruttoinlandsprodukts für Gesundheit aus. Damit liegt Deutschland laut OECD weltweit auf Platz drei, hinter den USA und der Schweiz.[23] Nun könnte man meinen, dass wir ein hervorragendes Gesundheitssystem haben, wir geben ja überdurchschnittlich viel dafür aus. Doch das ist ein Trugschluss. In der Lebenserwartung liegt Deutschland unter den in einer Studie analysierten OECD-Ländern nur im Mittelfeld. In der Kindersterblichkeit schneidet Deutschland nur leicht besser ab als der Durchschnitt, die Müttersterblichkeit ist hierzulande die dritthöchste der OECD-Staaten.[24] Und das liegt nicht daran, dass die Deutschen etwa unvorsichtiger sind als die Spanier, ungesünder leben als die Französinnen oder zügelloser als die Schweizer. Nein, in vielen Bereichen ist unser Gesundheitswesen teuer, aber nur Mittelmaß. Der Hauptgrund dafür sind auch hier die Fehlanreize der Fallpauschalen. In keinem Land der Welt wird Frauen so oft die Gebärmutter entfernt, nirgendwo werden so viele Kernspinuntersuchungen durchgeführt. Fast in keinem anderen Land werden so häufig künstliche Gelenke in Hüften oder Knie eingesetzt. Jede einzelne Behandlung ist gewollt, ist eine Frage des Profits. Das deutsche System ist also unter anderem auch deswegen so teuer, weil es Gewinne privater Konzerne mitfinanziert. Die Renditen von Fresenius Helios und Asklepios, Alloheim oder Victor's kommen nicht von ungefähr. Sie stammen aus Versicherungsbeiträgen und Steuermitteln, aus den Töpfen der Landesregierungen, dem Bundeshaushalt und den Kosten, die Bürgerinnen und Bürger privat übernehmen.

Ein solidarisches Gesundheitswesen, das nicht auf Profit ausgerichtet ist, könnte also einiges einsparen. Es würde Rendite verhindern, unnötige Operationen würden ausgelassen, Behandlungen nur dann durchgeführt, wenn sie wirklich nötig sind. Patientinnen und Patienten sowie Staatskassen würden von einem System ohne Gewinne profitieren. Zusätzlich könnte durch die Digitalisierung langfristig einiges eingespart werden. Und doch ist klar und sollte auch jedem bewusst sein: Wir müssen das Geld im Gesundheitswesen zum einen anders verteilen und zum anderen trotzdem mehr für Gesundheit ausgeben, jeder Einzelne, aber vor allem diejenigen, die bisher nicht viel zu unserem System beitragen. Wir benötigen ein neues Finanzierungsmodell.

Das Geld muss es uns wert sein, um eine gute Pflege zu ermöglichen. Und im Zweifel werden wir mehr investieren müssen, als Wirtschaftsprüferinnen mit ihrem BWL-Blick für nötig erachten. Gerade die Coronakrise hat deutlich gemacht, dass es mehr braucht als Krankenhäuser, die schon im Normalzustand an ihre Grenzen gelangen. Die Pandemie hat gezeigt, dass Gesundheit eines unserer höchsten Güter ist, auch in der Politik. Nur zum Schutz unserer Gesundheit haben die Regierungen das Unvorstellbare getan und Restaurants, Geschäfte und Friseursalons geschlossen, Ausgangssperren verhängt, Demonstrationen eingeschränkt, und auch Schulen sowie Kirchen, Synagogen und Moscheen mussten zeitweise ihre Türen schließen. Die Politik hat in der Pandemie die Religionsfreiheit, die freie Berufsausübung, das Demonstrationsrecht und das Recht auf Bildung beschnitten. Kurz gesagt: Zum Schutz unserer Gesundheit wurden bundesweit und für alle Menschen Grundrechte eingeschränkt. Es wurde Solidarität eingefordert und letztendlich deutlich gemacht, obgleich mit Einschränkungen: Kein Gut hat Vorrang vor unserer Gesundheit. Dieses Vorgehen sollte sich die Politik zum Vorbild nehmen und unser Gesundheitssystem auch ohne Krise nicht mehr unter Finanzierungsvorbehalte stellen. Um das zu tun und langfristig für mehr Pflegepersonal, bessere Behandlungen und damit mehr Patientensicherheit zu sorgen, sind mehr finanzielle Mittel erforderlich. Und an diese gelangt das System nur dann, wenn es anders aufgestellt wird.

Bisher wird das Gesundheitswesen in Deutschland so finanziert: Angestellte zahlen 14,6 Prozent ihres Bruttoeinkommens an die Krankenkasse, 3,05 Prozent für die Pflegeversicherung. Die Hälfte der Beiträge übernimmt jeweils der Arbeitgeber. Manche Kassen erheben Zusatzbeiträge, die allein von den Angestellten getragen werden müssen. Der maximale Betrag, der abgesehen davon eingezahlt wird, ist nach oben hin gedeckelt auf einen Anteil von weniger als 400 Euro im Monat. Denn es gilt eine sogenannte Beitragsbemessungsgrenze, die bei 4837,50 im Monat liegt.[25] Bis zu diesem Einkommen steigt der zu zahlende Betrag, danach nicht mehr. Ein Beispiel: Ein einfacher Angestellter aus München, versichert bei der AOK, zahlt einen Eigenanteil von 367,97 Euro im Monat für seine Krankenversicherung. Eine Managerin aus derselben Stadt, auch versichert bei der AOK, zahlt genauso viel, egal, ob sie 7000, 70 000 oder 700 000 Euro im Monat verdient. Niemand zahlt als gesetzlich Versicherter mehr ein als den Höchstbetrag, völlig unabhängig vom Einkommen oder Vermögen. Besserverdiener zahlen prozentual also deutlich weniger ein. Hinzu kommt, dass viele der Besserverdienenden überhaupt nicht in das staatliche System einzahlen, weil sie privat versichert sind. Entweder, weil sie mehr als 64 300 Euro im Jahr verdienen und sich dadurch privat versichern können, oder, weil sie selbstständig oder verbeamtet sind. Die Folge ist nicht nur eine Zwei-Klassen-Medizin, in der die einen schneller an Termine kommen als die anderen oder sie von Chefärztinnen behandelt werden. Auch die Finanzierung gerät in ein Ungleichgewicht. Sie wird von der Mittelschicht getragen, während sich Besserverdiener dem solidarischen System entziehen und privaten Versicherungen Rendite ermöglichen.

Eine Alternative zum bestehenden Modell ist die sogenannte Bürgerversicherung. Schon seit Jahren wird sie in Nachbarstaaten wie Österreich und den Niederlanden umgesetzt und von Gewerkschaften, Sozialdemokraten, Grünen und Linken auch hierzulande gefordert. In die Bürgerversicherung würden alle einzahlen, Besserverdiener wie Niedriglöhner, Beamte und Selbstständige genauso wie Angestellte oder Auszubildende. Die Beitragsbemessungsgrenze könnte höher liegen oder sogar abgeschafft werden, damit wie in Norwegen alle denselben Prozentsatz für das solidarische Gesundheitswesen bezahlen und Millionäre sich nicht mehr nur mit Kleinstbeträgen beteiligen. Auf einen Schlag hätte der Staat mehr Geld für Gesundheit zur Verfügung, und die profitorientierten Privatversicherungen wären zumindest für die Grundversorgung abgeschafft. Es gäbe nur noch eine Krankenkasse für alle statt unzähliger Versicherungen, die miteinander im Wettbewerb stehen – alle übrigens mit eigenen Strukturen, riesigen Verwaltungsapparaten und eigenen Werbekosten.

Eine Umfrage aus dem Jahr 2020 zeigt, dass mehr als 60 Prozent der Deutschen ein solches System bevorzugen würden.[26] Es liegt an der kommenden Bundesregierung, ob sie den Mut hat, die Lehre aus der Coronakrise zu ziehen und das Modell einzuführen. Und zwar sowohl für die Gesundheitsversorgung als auch für das Pflegesystem. Denn auch die im Jahr 1994 eingeführte Pflegeversicherung könnte über mehr Mittel verfügen, wenn alle in sie einzahlen würden. Aus ihr könnte sogar eine Vollversicherung werden. Bisher ist die Pflegeversicherung nur eine Teilkaskoleistung, die einen Zuschuss zu den Pflegekosten zahlt, der Rest muss von den

Versicherten selbst getragen werden. So kommt es, dass im Durchschnitt für einen Platz im Pflegeheim 2015 Euro zusätzlich gezahlt werden müssen.[27] Reicht die Rente nicht, müssen Ehepartner oder Kinder einspringen – eine enorme Belastung für viele Angehörige. Auch wenn sich ihre Lage nun durch eine Pflegereform bessert und ein Teil der Kosten künftig gedeckelt wird, bedeuten die Zuzahlungen für viele den finanziellen Ruin. Die Pflegeversicherung der Zukunft sollte das abfedern, selbst wenn es höhere Beiträge für Besserverdiener bedeutet. Wer im Alter in ein Seniorenheim muss, sollte nicht zum Sozialfall werden, so wie es gegenwärtig Hunderttausenden ergeht. Auch deshalb muss die Pflegeversicherung eine Vollversicherung werden, die alle Kosten trägt und solidarisch finanziert wird. Es ist Zeit für eine solidarische Bürgerversicherung oder ein steuerfinanziertes Pflegesystem, das keine Defizite wie aktuell in Höhe von 2,5 Milliarden Euro erwirtschaftet, weil es unterfinanziert ist. Stattdessen braucht es eine Versicherung, wie sie die meisten europäischen Staaten haben. Dadurch geben diese Länder deutlich mehr für die Pflege aus. Während Deutschland zwar ein teures Gesundheitssystem hat, sind die Ausgaben speziell für die Pflege äußerst gering: nur 1,5 Prozent des Bruttoinlandsprodukts. Länder wie Norwegen und Schweden geben jährlich 2,7 Prozent des BIP aus. In Dänemark liegt der Wert bei 2,3 Prozent, in den Niederlanden bei 2,5 Prozent ihrer Wirtschaftsleistung.[28] Auch Belgien, Island, die Schweiz und Finnland finanzieren ihre Pflege mit deutlich mehr staatlichen Mitteln, als es Deutschland tut. Das ist zwar keine Garantie für eine bessere Versorgung, kann diese aber ermöglichen, wenn die Gelder klug ausgegeben werden.

Alternativ zur Bürgerversicherung könnte über ein rein steuerfinanziertes Gesundheitssystem nachgedacht werden, wie es Rainer Schlegel, Präsident des Bundessozialgerichts, vorschlägt.[29] Eine Pflegesteuer könnte eine ähnliche Wirkung erzielen und solidarisch finanziert werden – über die Einkommenssteuer, Kapitalerträge oder Vermögen, ähnlich wie der Solidaritätsbeitrag, der Anfang des Jahres 2020 für fast alle Bürgerinnen und Bürger abgeschafft wurde.[30] Ein Beitrag wie dieser könnte das Pflegesystem stabilisieren. Letztendlich braucht es einen Weg, um möglichst gerecht genügend Mittel für das Gesundheitssystem aufzubringen. Nur dann können die Löhne in der Pflege steigen, kann neues Personal eingestellt und in die Zukunft des Berufsbilds investiert werden. Nur dann wird es möglich sein, dass der Staat wieder mehr Kliniken, Pflegeheime und vor allem alternative Wohnprojekte wie Demenzdörfer und Senioren-Wohngemeinschaften betreut. Nur dann sind die kommunalen, städtischen und gemeinnützigen Einrichtungen – in Verbindung mit einem Profitdeckel – konkurrenzfähig und können wieder in ihre eigene Substanz investieren. Gleichzeitig ständen dadurch genug Mittel zur Verfügung, um auch pflegende Angehörige nachhaltig mit höheren Pflegeleistungen und unbürokratischen Hilfen zu unterstützen und die Kosten für Pflegeheimplätze oder Kuraufenthalte fair zu gestalten.

All diese Lösungsvorschläge sind realisierbar, umsetzen und einleiten könnte sie ab der kommenden Legislaturperiode ein eigener Pflegeminister. Er oder sie könnte selbstständig in einem eigenen Ministerium die Einnahmen der Bürgerversicherungen oder einer Pflegesteuer gemeinsam mit den zuständigen Kassen verwalten und die Pflegelandschaft stärken. Bisher ist formal dafür der Gesundheitsminister zuständig, doch die Pandemie hat gezeigt, dass dieser vielfältig beschäftigt ist und eine Zukunftsfrage wie die Lösung der Pflegekrise nicht im Nebengeschäft erwirken kann. Ein Pflegebevollmächtiger, wie es ihn seit 2014 gibt, reicht dazu nicht aus, da er nur beraten und wenig selbst entscheiden kann.[31] Es ist an der Zeit, dass dieses Durcheinander beendet und ein eigener Minister oder eine Pflegeministerin mit der Jahrhundertaufgabe betraut wird, einen bundesweiten Masterplan zu entwickeln und umzusetzen.

4. Banden bilden

Ein anderes Gesundheits- und Pflegesystem ist möglich, wenn es solidarisch finanziert werden würde. Ein System, in dem ein Mensch krank und alt werden kann, ohne Kostenfaktor zu sein. Ein Gesundheitswesen, in dem Pflegende nicht verheizt, sondern anerkannt werden, ist keine Utopie. Dazu braucht es bessere Arbeitsbedingungen und faire Löhne fürs Pflegepersonal, sowie eine Lösung für den Fachkräftemangel und eine bessere Ausstattung für pflegende Angehörige. Es braucht ein System, das nicht dem Profit untergeordnet ist und weitere Privatisierungen stoppt, um Gesundheit wieder zu einer Aufgabe des Gemeinwohls zu machen. Das wird nur erreichbar sein, wenn sich Banden bilden. Wenn aus dem Applaus in der Krise eine Bewegung für ein anderes Gesundheitswesen wird. Die Pflegekrise ist lösbar und es gibt Wege und Mittel dazu. Einige davon habe ich in diesem Buch beschrieben.

Kurz vor der Pandemie, Ende Januar, saß ich mit drei Pflegefachkräften in einem Café in Kiel. Sie hatten gerade ihre Schicht auf der Intensivstation beendet und erzählten mir von Tagen, an denen kaum jemand Zeit dafür habe, Patientinnen und Patienten mit Schluckstörungen beim Essen zu unterstützen: »Dann ziehen sie irgendwann den Klapptisch zu sich heran, schlingen das Essen runter und verletzen sich an Rachen und Speiseröhre«, sagte einer der Kollegen. Ein anderer erzählte, dass er regelmäßig das Patientenwohl gefährden müsse. Mit Blick auf ihre Arbeit sprachen sie von *moral injury*, einem Begriff, der eigentlich aus dem Krieg stammt. Wenn Soldatinnen und Soldaten in ihren Einsätzen unzureichend ausgestattet und schlecht ausgerüstet sind und mit zu wenig Kollegen in eine heikle Mission geschickt werden, kehren sie frustriert zurück. Ihr Gerechtigkeitssinn ist gestört, sie fühlen sich hilflos, weil sie weniger leisten, als sie eigentlich könnten. So sei das bei vielen Pflegenden auch, sie würden gerne mehr für ihre Patientinnen und Patienten tun, können es aber nicht. Sie müssen täglich Abstriche in der Versorgung ihrer Patientinnen machen, damit sie überhaupt alle erreichen können, für mehr ist oft keine Zeit. Das frustriert die Angestellten, die diesen Beruf gewählt haben, um jenen Menschen helfen zu können, die sie jetzt gefährden müssen. Deshalb überlegen viele Fachkräfte, ob sie aussteigen. So erzählte es mir auch einer meiner Interviewpartner in Kiel vor der Pandemie. Er müsse wohl aufgeben, nicht zwangsläufig, weil er schlecht verdienen würde, sondern, weil ihn die Arbeitsbelastungen erdrückten. Immer mehr seiner Kolleginnen und Kollegen seien bereits in Teilzeit und Leiharbeit gegangen oder würden ganz aufgeben. »Viele zerbrechen an diesem Druck«, sagte er. Doch er selbst wehrte sich, am Tag darauf traf ich ihn erneut im Gewerkschaftshaus der Stadt. Dort saß er mit 20 anderen Pflegenden an einem langen Tisch, in einem Nebenraum stand ein Plakatständer, beidseitig mit einer klaren Botschaft bedruckt: »Heute Warnstreik«, weiß auf rot geschrieben. Gemeinsam mit Kolleginnen und Kollegen der Gewerkschaft ver.di bereiteten sie einen an ihrem Klinikum nie dagewesenen Streik auf allen Stationen vor. Damals stellte ich mir die Frage: Wie weit darf Arbeitskampf gehen? Heute würde ich das nicht mehr tun. Denn in Kiel gelang, was in Schleswig-Holstein lange undenkbar war. Erst einigten sich die Streikenden auf eine Notdienstvereinbarung, damit planbare Operationen verschoben, Notfälle aber weiterhin behandelt werden konnten. Dann gingen die Fachkräfte Anfang Februar unter dem Motto »Wir sind es wert« für zwei Tage in einen Warnstreik. Sie taten es ihren Kollegen in Mainz, Berlin, Jena und Düsseldorf gleich, die auch Erfolge durch Streiks erzielen konnten. Und das, obwohl die Pflege als schlecht organisiert und wenig streikbereit gilt und nur zehn Prozent der Angestellten überhaupt Mitglied einer Gewerkschaft sind.[32]

Dann kam es im März in Kiel zur Einigung: Erstmals wurde ein Entlastungsvertrag für Angestellte beschlossen. »Ein tarifpolitischer Meilenstein«, sagte die Gewerkschaft. 430 neue Stellen in der Pflege werden geschaffen, außerdem sollen 120 neue medizinische Fachangestellte einen Job am Klinikum bekommen.[33] Für jede Schicht soll künftig ein Stellenschlüssel für die Pflege festgelegt werden. Wird diese Mindestbesetzung unterschritten, bekommen die Pflegefachkräfte Belastungspunkte, die sie gegen freie Tage eintauschen können, gleichzeitig müsste die Klinik Strafgelder in einen Fonds einzahlen. Geld für Maßnahmen, die das Personal entlasten sollen. Ein Erfolg, der zeigt, dass eine organisierte Pflege ihre Arbeitsbedingungen verbessern kann. Gerade deshalb ist es wichtig, dass sich noch mehr Angestellte gewerkschaftlich organisieren, bei ver.di, in Pflegekammern oder beim neu gegründeten Bochumer Bund, einer Pflegegewerkschaft, die das Ziel verfolgt, bundesweite Tarifverträge für die Pflege umzusetzen.

Doch nicht nur für höhere Löhne oder Verbesserungen anderer Arbeitsbedingungen wird mittlerweile gestreikt und demonstriert. Herbst 2020, mitten in der Pandemie: 350 Pflegende radeln mit Transparenten durch Berlin, auf denen »Fallpauschalen abschaffen« oder »Fall, fall, Fallpauschale fall!« steht.[34] Es geht ihnen um einen Systemwechsel. Die Demonstrierenden tragen Mundschutz, halten Abstand und parken auf dem berühmten Kurfürstendamm. Gemeinsam entrollen sie riesige Transparente. 12 500 Menschen sind zu sehen, Pflegepersonal aus ganz Deutschland, die ihre Fotos geschickt haben, um für ein solidarisches Gesundheitswesen zu demonstrieren. Monate später fordern Pflegefachkräfte auf dem Cover des Magazins *Stern* eine »Pflege in Würde«. Ein System nach dem Motto Mensch vor Profit. Auch Ärztinnen und Ärzte sprechen sich bei einer weiteren Aktion im *Stern* dafür aus, dass sich einiges ändern muss: »So darf es nicht weitergehen. Krankenhäuser sollen für das Dasein vorsorgen genauso wie die Polizei oder Feuerwehr.« Sie kritisieren außerdem, dass Krankenhäuser Gewinne erwirtschaften und am Personal sparen müssen. Daraus entsteht eine Petition an den Bundestag, die von mehr als 325 000 Menschen unterschrieben wurde.[35] Die Nationale Akademie der Wissenschaften Leopoldina positioniert sich während der Pandemie in einer Stellungnahme ebenso für ein bedarfs- und gegen ein gewinnorientiertes Gesundheitssystem.

Der gesellschaftliche Druck wächst, mittlerweile sind sogar Identifikationsfiguren für die Pflege entstanden, die jahrelang fehlten. Meist junge Fachkräfte, die sich für ihren Berufsstand einsetzen und für Aufsehen sorgen. Angefangen mit Alexander Jorde, der mit Bundeskanzlerin Angela Merkel im Wahlkampf 2017 öffentlich über die Bezahlung in der Pflege stritt und danach in Talkshows auftrat. Plötzlich sind auch Pflegefachkräfte wie Franziska Böhler, Sandro Pé oder Jim Boy in der Öffentlichkeit und erreichen auf sozialen Medien wie Instagram, Facebook oder TikTok Hunderttausende. Sie schreiben Bücher, treten im Fernsehen auf, organisieren Petitionen oder Demonstrationen. Sie verändern das Bild der Pflege und zeigen, dass es Möglichkeiten gibt, um etwas gegen die Pflegekrise zu unternehmen. Gemeinsam arbeiten sie mit anderen Akteuren daran, dass die Pflege zu einem der großen Themen des neuen Jahrzehnts werden kann.

Aus dem ausgefallenen Jahr der Pflege 2020 könnte also trotz allem eine Bewegung entstehen. Erste politische Erfolge sind bereits erreicht: Mecklenburg-Vorpommern will die Kinderkliniken aus den Fallpauschalen lösen. Schleswig-Holstein will Krankenhäuser mit Regelversorgung künftig abseits des Systems finanzieren. Einige SPD-Politiker sprechen sich für die Abschaffung der Fallpauschalen aus.[36] Der Gesundheitsminister Jens Spahn hat die Bezahlung des Pflegepersonals aus dem bisherigen System der Krankenkassen herausgelöst. Dadurch müssen Kliniken das Geld, das sie für Personal bekommen, auch dafür ausgeben. Ein erster Schritt hin zu einem solidarischen System, das auch von den Bürgerinnen und Bürgern bevorzugt wird.[37] In Umfragen gibt die Mehrheit der Bevölkerung an, dass sie die Einführung einer Bürgerversicherung befürwortet und mehr in die Pflegeversicherung einzahlen würde, wenn eine bessere Pflege dadurch möglich würde.

Jetzt ist mit der Pandemie und den Debatten rund um systemrelevante Berufe ein Momentum dafür entstanden, solche Veränderungen anzugehen. Es liegt an Pflegefachkräften, Politikerinnen, Gewerkschaften, pflegenden Angehörigen und uns allen, Veränderungen lautstark einzufordern. Es ist unsere Aufgabe, die Pflege nach der Pandemie nicht zu vergessen und dafür zu sorgen, dass die Pflegekrise gelöst und das Überschreiten des Kipppunkts verhindert wird. Damit auch in Zukunft Pflegende wie meine Mutter wieder mit dem Herzen sehen können und Seniorenheime wie das, welches ich in meiner Kindheit erleben durfte, nicht mehr nur kleine Pilotprojekte sind, sondern der Standard werden können. Damit Kliniken sich wieder am Menschen statt am Profit orientieren und wir alle besser versorgt sind und in Würde altern können. Eine bessere Pflege ist möglich, wenn der politische Druck steigt und der Systemwandel endlich konsequent angegangen wird. Jetzt oder nie!

Quellen und Literaturhinweise

Pflege bleibt systemrelevant

1. Gutensohn, David (17.12.2020): »Sie wird gebraucht, aber nicht geduldet«, *ZEIT ONLINE*
2. Gutensohn, David (27.01.2020): »Operation Streik«, *ZEIT ONLINE*
3. Bundesagentur für Arbeit (Mai 2020): »Arbeitsmarktsituation im Pflegebereich«
4. Gutensohn, David (23.03.2020): »Sie könnten helfen, dürfen aber nicht«, *ZEIT ONLINE*
5. Rothgang, Heinz (2012): Themenreport »Pflege 2030«, *Bertelsmann Stiftung*
6. Statistisches Bundesamt: »Pflegebedürftige in Deutschland bis 2019«
7. Statistisches Bundesamt: »Entwicklung der Lebenserwartung bei Geburt in Deutschland nach Geschlecht in den Jahren von 1950 bis 2060«
8. Lüdemann, Dagny (08.08.2018): »Was, wenn die Welt am 1,5-Grad-Ziel scheitert?«, *ZEIT ONLINE*
9. Schwinger, Antje: »Pflege-Report 2019: Mehr Personal in der Langzeitpflege – aber woher«, *Springer*
10. Bundesagentur für Arbeit (Mai 2020): »Arbeitsmarktsituation im Pflegebereich«

11 Bundesagentur für Arbeit (Mai 2020): »Arbeitsmarkt-situation im Pflegebereich«

12 Zentrum für Qualität in der Pflege (25.09.2019): »Personalmangel in der ambulanten Pflege gefährdet gute Versorgung«

13 Groll, Tina (18.08.2018): »Löhne wie im öffentlichen Dienst für alle Pflegekräfte«, *ZEIT ONLINE*

14 Dworak, Inken (13.04.2020): »Warum werden Pflegekräfte eigentlich so schlecht bezahlt?«, *Der SPIEGEL*

15 Criado-Perez, Caroline (2019): »Unsichtbare Frauen«, *btb Verlag*

16 Merkel, Angela (27.10.202): »Eingangsstatement bei der Videokonferenz mit den Mitgliedern der Konzertierten Aktion Pflege«

17 Steinmeier, Frank-Walter (12.05.2020): »Videobotschaft zum Thema Pflege und ältere Menschen in der Corona-Pandemie«

18 Hasenkamp, Milena (27.11.2020): »Vom Klatschen blieb nichts übrig«, *Der SPIEGEL*

Wie Gesundheit zum Geschäft wurde

1 Doll, Frank (06.12.2014): »Die Anlagetipps der Woche«, *Wirtschaftswoche*

2 Doll, Frank (06.12.2014): »Die Anlagetipps der Woche«, *Wirtschaftswoche*

3 Beckert, Nico (04.07.2019): »Ein gepflegter Profit«, *Der Freitag*

4 Firmendaten Fresenius SE & Co. KGaA, *Cio Magazin*

5 Firmendaten Asklepios Kliniken GmbH, *Cio Magazin*

6 Firmendaten Sana Kliniken AG, *Cio Magazin*

7   Scheuplein, Christoph (2019): »Gesundheitsbranche im Visier«, *Hans-Böckler-Stiftung*

8   Brachmann, Karin (1997): »Auswirkungen der Bundespflegesatzverordnung 1995 auf patientenbezogene Organisationsformen im Krankenhaus unter ökonomischen Gesichtspunkten«, *Springer*

9   Bundesanzeiger Verlag (1986): »Krankenhausfinanzierungsgesetz«

10 Bundesanzeiger Verlag (20.04.2002): »Gesetz zur Einführung des Fallpauschalensystems für Krankenhäuser«

11 OECD (2019): »State of Health in the EU – Country Profile Germany«

12 Simon, Michael (2020): »Das DRG-Fallpauschalensystem für Krankenhäuser«, *Hans-Böckler-Stiftung*

13 Kinkartz, Sabine (10.03.2020): »Krankenhäuser am Limit«, *Deutsche Welle*

14 Stadler, Rainer, (21.11.2020): »Zu Lasten der Patienten«, *Süddeutsche Zeitung*

15 Statistisches Bundesamt (2020): »Anzahl der deutschen Krankenhäuser nach Trägerschaft in den Jahren 2000 bis 2018«, *Statista*

16 Lill, Tobias (17.03.2008): »Wenn zwei stürzen, bleibt einer liegen«, *Der SPIEGEL*

17 Ärzteblatt (13.12.2018): »Mangel an Pflegefachkräften kann Patientensterblichkeit auf Station erhöhen«

18 Westhoff, Andrea (22.04.2019): »Als der Bundestag die Pflegeversicherung verabschiedete«, *Deutschlandfunk*

19 Bundesministerium für Gesundheit (2020): »Zahlen und Fakten zur Pflegeversicherung«

20 Meißner, Sebastian (2020): »Anzahl und Statistik der Altenheime in Deutschland«, *Pflegemarkt*

21 Borchert, Yannic (16.12.2020): »Die 30 größten Pflege-
heimbetreiber 2021«, *Pflegemarkt*

22 Roland Berger GmbH (2017): »Deutscher Pflegemarkt
wächst weiter«

23 Borchert, Yannic (14.01.2020): »Deutsche Wohnen
investiert 120 Millionen Euro in Pflege & Wohnen
Hamburg«, *Pflegemarkt*

24 Groll, Tina (12.12.2018): »Geld verdienen mit der
Pflege«, *ZEIT ONLINE*

25 BNP Paribas Real Estate GmbH (31.12.2020): »Neuer Rekordumsatz mit Healthcare-Immobilien«

26 Die ZEIT (08.10.2020): »Deckel drauf«

27 Geraedts, Max (17.10.2015): »Trade-off Between
Quality, Price, and Profit Orientation in Germany's
Nursing Homes«, *Institut für Gesundheitssystemfor-
schung der Universität Witten/Herdecke*

28 Beug, Sebastian (29.08.2017): »Team Wallraff: Sie
liegt jetzt seit 45 Minuten im eigenen Kot«, *Die Welt*

29 Meyer-Fünffinger, Arne (18.04.2016): »Betrug in der
Pflege«, *Tagesschau*

30 Hawranek, Christiane (24.03.2021): »Tatort Seniorenresidenz«, *Bayerischer Rundfunk*

31 Brüggemann, Jürgen (2020): »Qualität in der ambulanten und stationären Pflege«, *Medizinischer Dienst
des Spitzenverbandes Bund der Krankenkassen*

32 Braun, Benjamin (30.09.2020): »Kurze Lebenserwartung«, *taz*

1 Bundesrechnungshof (10.09.2020): »Bericht über die Prüfung der Krankenhausfinanzierung durch die gesetzliche Krankenversicherung«

2 Statistisches Bundesamt (2020): »Krankenhäuser in Deutschland«

3 Kersten, Jörn (17.02.2021): »Kliniksterben in der Pandemie«, *plusminus*

4 Gutensohn, David (07.04.2020): »Kliniken schließen – wenn sie am nötigsten gebraucht werden«, *ZEIT ONLINE*

5 reimbursement institute (08.10.2015): »Krankenhausreform 2015: Ein Überblick«

6 Bundesamt für Soziale Sicherung (2015): »Innovationsfonds und Krankenhausstrukturfonds«

7 Statistisches Bundesamt (01.09.2020): »Krankenhäuser: Anzahl in Deutschland bis 2018«

8 Woratschka, Rainer (10.06.2015): »Heftige Kritik an Gröhes Klinikgesetz«, *Tagesspiegel*

9 Böcken, Jan (15.07.2019): »Eine bessere Versorgung ist nur mit halb so vielen Kliniken möglich«, *Bertelsmann Stiftung*

10 Ärztezeitung (07.10.2020): »Zahl der Krankenhausbetten geht stark zurück«

11 Ärztezeitung (01.03.2021): »Bettenabbau in den Krankenhäusern«

12 Böcken, Jan (15.07.2019): »Eine bessere Versorgung ist nur mit halb so vielen Kliniken möglich«, *Bertelsmann Stiftung*

13 Ärztezeitung (20.02.2020): »Spahn wünscht sich mehr Mut bei Debatte um Krankenhausschließungen«

14 Gutensohn, David (07.04.2020): »Kliniken schlie-

ßen – wenn sie am nötigsten gebraucht werden«, *ZEIT ONLINE*

15 Rahmsdorf, Inga (19.09.2019): »Kleine Patienten lohnen sich nicht«, *Süddeutsche Zeitung*

16 Dürnberg, Simona (14.01.2020): »Parchimer Kinderklinik unter Druck«, *NDR*

17 Lange, Nastja Maria (2019): »Parchim: Für den Erhalt unserer Kinderklinik«, *change.org*

18 Ärzteblatt (12.01.2021): »Deutsches Krankenhausinstitut: Geburtshilfe ist für zwei Drittel der Kliniken ein Minusgeschäft«

19 Statistisches Bundesamt (2020): »Anzahl der deutschen Krankenhäuser nach Trägerschaft in den Jahren 2000 bis 2018«, *Statista*

20 Picker Institut Deutschland (2017): »Hohe Fallzahl – gute Geburt?«

21 Albrecht, Martin (2019): »Stationäre Hebammenversorgung, Gutachten für das Bundesgesundheitsministerium«, *iGES Institut*

22 Hommerich, Luisa (06.01.2021): »Die Geisterklinik«, *ZEIT ONLINE*

23 Ärzteblatt (30.10.2020): »Pandemien werden in Zukunft häufiger auftreten«

24 Ärzteblatt (18.09.2020): »Bundesrechnungshof fordert Reform der Krankenhausplanung«

25 Grimmenstein, Maria (19.12.2020): »Krankenhausschließungen und Privatisierungen nehmen kein Ende«, *change.org*

26 Ärzteblatt (03.04.2020): »Heil für Überprüfung des Gesundheitssystems nach Ende der Coronakrise«

27 Westdeutsche Zeitung (31.03.2020): »SPD-Chefin fordert neues Gesundheitssystem nach Corona-Krise«

1 Deutscher Berufsverband für Pflegeberufe (2020): »Internationales Jahr der Pflegenden und Hebammen«

2 Bohn, Nicolette (2020): »Florence Nightingale: Nur Taten verändern die Welt«, *Patmos Verlag*

3 Gutensohn, David (07.04.2020): »Ich wurde aus dem Supermarkt geworfen«, *ZEIT ONLINE*

4 Gutensohn, David (27.03.2020): »Ich will nicht infiziert sein und arbeiten müssen«, *ZEIT ONLINE*

5 Bayerischer Rundfunk (13.12.2020): »Corona trifft Menschen in Gesundheitsberufen besonders«

6 Ärzteblatt (09.02.2017): »Andere Länder machen es vor«

7 ZEIT ONLINE (01.12.2020): »Altenpflegekräfte sind häufig krankgeschrieben«

8 Barmer GEK (23.02.201): »Barmer-Pflegereport 2021«

9 Woratschka, Rainer (01.12.2020): »Pflegekräfte brauchen mehr Schmerzmittel – für sich selbst«, *Tagesspiegel*

10 Groll, Tina (30.01.2019): »Wer pflegt wen?«, *ZEIT ONLINE*

11 Woratschka, Rainer (13.10.2019): »Vollzeitjob kommt für die meisten nicht in Frage«, *Tagesspiegel*

12 Thelen, Peter (26.11.2018): »Jede zweite ehemalige Pflegekraft ist bereit, in den Beruf zurückzukehren«, *Handelsblatt*

13 Koch, Raimund (2018): »Die Pflege im Aufbruch«, *Hartmann*

14 Völlnagel, Iris (08.04.2021): »Pflegekräfte hadern mit ihrem Job«, *Tagesschau*

15 Arens, Christoph (2018): »Daten und Fakten über die Pflege in Deutschland«, *KNA*

[16] Gäbler, Paul (23.03.2020): »Das Pflegepersonal kommt mal wieder zu kurz«, *Tagesspiegel*

[17] Bundesgesundheitsministerium (2020): »Konzertierte Aktion Pflege«

[18] Schmergal, Cornelia (15.07.2019): »Spahn wirbt um Pflegekräfte im Kosovo«, *Der SPIEGEL*

[19] Röder, Alessandra (18.11.2020): »Systemrelevant und schlecht bezahlt«, *taz*

[20] ZEIT ONLINE (28.01.2020): »Mindestlohn für Pflegekräfte steigt«

[21] Parnack, Charlotte (03.03.2021): »Scheinheilig«, *Die ZEIT*

[22] Gutensohn, David (11.03.2021): »Es hilft uns nicht, wenn wir dem Tarifvertrag nachtrauern«, *ZEIT ONLINE*

[23] Gutensohn, David (31.05.2021): »Die Pflege verdient mehr«, *ZEIT ONLINE*

[24] Cichy, Christiane (26.11.2020): »Mehrheit der Pflegekräfte profitiert nicht von Corona-Prämie des Bundes«, *MDR*

[25] Tagesschau (25.05.2020): »Lufthansa bekommt Milliardenhilfen«

[26] Lobenstein, Caterina (28.10.2020): »Die Zeit läuft«, *Die ZEIT*

[27] Ärzteblatt (22.10.2020): »Unsere Mitglieder empfinden die Serie Ehrenpflegas als Verletzung«

[1] Kliem Thomas (2016): »DAK-Pflegereport«, *DAK-Gesundheit*

[2] Lenz, Torben (16.04.2020): »Was pflegende Angehörige jetzt tun können«, *Zentrum für Qualität in der Pflege*

[3] Ärzteblatt (26.03.2020): »Osteuropäische Pflegekräfte dürfen Grenze passieren«

[4] Westdeutsche Allgemeine Zeitung (03.03.2021): »Zwei Drittel der Pflegebedürftigen von Angehörigen versorgt«

[5] Gutensohn, David (24.11.2020): »Liebe kennt kein Vergessen«, *ZEIT ONLINE*

[6] Gutensohn, David (08.03.2019): »Wie es ist, als 14-Jährige den eigenen Vater zu pflegen«, *ze.tt*

[7] Bensch, Hendrik (29.08.2018): »Immer mehr pflegende Angehörige spüren Belastung«, *Bibliomed Pflege*

[8] ZEIT ONLINE (16.11.2020): »Pflegekassen lehnen jeden sechsten Erstantrag ab«

[9] Ärztezeitung (17.11.2020). »Linke kritisieren Sparpolitik der Pflegekassen«

[10] Ärzteblatt (16.11.2020): »Pflegekassen lehnen rund ein Sechstel der Erstanträge ab«

[11] Koalitionsvertrag zwischen CDU, CSU UND SPD, 19. Legislaturperiode

[12] Gutensohn, David (07.06.2020): »Ein unsichtbarer Vollzeitjob«, *ZEIT ONLINE*

1 Gutensohn, David (23.03.2020): »Sie könnten helfen, dürfen aber nicht«, *ZEIT ONLINE*

2 Gutensohn, David (17.12.2020): »Sie wird gebraucht, aber nicht geduldet«, *ZEIT ONLINE*

3 Ärztezeitung (16.07.2019): »Spahn für Kosovo-Deal gelobt und kritisiert«

4 Gutensohn, David (23.03.2020): »Sie könnten helfen, dürfen aber nicht«, *ZEIT ONLINE*

5 Borgstedt, Silke (2020): »Kindertagesbetreuung und Pflege – attraktive Berufe?«, *Sinus Institut*

6 Rothgang, Heinz (2020): »Barmer Pflegereport«, *Barmer Institut für Gesundheitssystemforschung*

7 OECD (2019): »Health at a Glance OECD Indicators: Remuneration of hospital nurses, ratio to average wage«

8 ZEIT ONLINE (02.05.2021): »Regierung uneins über Mindestlohn für Pflegekräfte«

9 Groll, Tina (26.11.2019): »Letzter Ausweg Zeitarbeit«, *ZEIT ONLINE*

10 Groll, Tina (31.05.2021): »Kinderlose sollen künftig mehr zahlen«, *ZEIT ONLINE*

11 Hassenkamp, Milena (26.12.202): »Gefeiert – und dann im Stich gelassen«, *Der SPIEGEL*

12 Genster, Grit (2018): »Eine Ohrfeige für das Pflegepersonal«, *ver.di*

13 Drepper, Daniel (2016): »Gepflegt wird erst, wenn der Papierkram stimmt«, *ZEIT ONLINE*

14 Fricke, Arno (19.03.2020): »Pflegekräfte werden von Bürokratie entlastet«, *Ärztezeitung*

15 ZEIT ONLINE (13.02.2020): »Ministerium plant Gesetz zur Erfassung von Arbeitszeit«

16 Deutscher Berufsverband für Pflegeberufe (2019): »Advanced Practice Nursing«

17 Bundesministerium für Familie, Senioren, Frauen und Jugend (17.07.2020): »Neue Pflegeausbildungen«

18 Ärzteblatt (21.10.2019): »Pflegestudium an der Hochschule Bremen gestartet«

19 Bensch, Hendrik (29.01.2019): »Deutschland liegt bei Akademisierung der Pflege zurück«, *Bibliomed Pflege*

20 Deutsches Rotes Kreuz (2019): »Status Quo, Chancen, Potentiale«

21 Ärzteblatt (30.12.2020): »Spahn gibt Gehältergarantie«

22 Simon, Michael (2020): »Das DRG-Fallpauschalensystem für Krankenhäuser«, *Hans-Böckler-Stiftung*

23 OECD (2019): »Health at a Glance 2019 – OECD Indicators«

24 Bartens, Werner (13.03.2018): »Das deutsche Gesundheitssystem – extrem teuer und doch nur Mittelmaß«, *Süddeutsche Zeitung*

25 Bundesregierung (2021): »Neue Beitragsbemessungsgrenzen für 2021«

26 Trappe, Thomas (25.02.2020): »60 Prozent wollen Einheitsversicherung«, *Tagesspiegel*

27 Westig, Nicole (05.10.2020): »Nicht die junge Generation gegen die alte ausspielen«, *Deutschlandfunk*

28 ZEIT ONLINE (10.02.2020): »Deutschland gibt weniger für Pflege aus als viele andere Länder«

29 Beer, Maximilian (24.11.2020): »Komplett neues Finanzierungsmodell gefordert«, *Frankfurter Rundschau*

30 Münch, Theresa (15.11.2019): »Wer den Soli weiter zahlen muss – und wer nicht«, *Tagesspiegel*

31 Beeger, Britta (27.03.2021): »Droht eine nie dagewe-

sene Kündigungswelle?«, *Frankfurter Allgemeine Zeitung*

[32] Gutensohn, David (27.01.2020): »Operation Streik«, *ZEIT ONLINE*

[33] Kühhirt, Steffen (13.03.2020): »430 zusätzliche Pflegekräfte fürs UKSH«, *ver.di*

[34] Tirnthal, Johanna / Morgenroth, Nicolas (01.12.2020): »Wie Beschäftigte für bessere Arbeitsbedingungen kämpfen«, *Deutschlandfunk Kultur*

[35] Albrecht, Bernhard (21.01.2021): »Stern startet Pflege-Petition«, *Stern*

[36] Fricke, Arno (28.07.2020): »SPD hört die Signale der Kinder- und Jugendärzte«, *Ärztezeitung*

[37] YouGov (19.01.2018): »Mehrheit der Deutschen für Bürgerversicherung«

David Gutensohn hat in Berlin Sozialwissenschaften studiert und in München die Deutsche Journalistenschule besucht. Er ist Redakteur bei *ZEIT ONLINE* und schreibt über den Arbeitsmarkt, soziale Themen und Gesundheitspolitik. Er beschäftigt sich journalistisch intensiv mit dem Pflegesystem, das er auch persönlich gut kennt, da er selbst Sohn zweier Pflegefachkräfte ist und einen Großteil seiner Kindheit in einem Seniorenheim verbracht hat.